KB264996

아내가
딴짓하는 데는
이유가 있다

이 시대 아내들에게 던지는 홍미경 원장의 유쾌한 돌직구

아내가 딴짓하는 데는 이유가 있다

홍미경 지음

다선
라이프

아내들은 지금 외롭다

무능력한데다가 바람기까지 많은 남편과 이혼한 뒤 그녀는 대학강사로 사회적 성공을 거두지만 인생은 늘 공허하기만 하다. 어려운 환경에서 키워낸 큰 딸은 자의식이 강한 방송작가가 되고, 둘째딸은 대학 진학에 실패한 뒤 결혼하여 두 아이를 둔 주부가 된다.

연극으로도 각색되어 많은 사랑을 받았던 드라마 〈여자는 무엇으로 사는가〉는 엄마와 두 딸의 이야기를 통해 사랑, 성공, 결혼 등 여자들의 고민을 현실감 있게 그려내면서 큰 공감을 얻었다. 어느 집이나 있을 법한 모녀 간, 가족 간의 갈등과 상처를 끝내 사랑으로 극복하는 모습이 내게도 매우 인상적이었다.

이 땅의
아내들은 아프다

시대가 지금과는 사뭇 다른 90년대였으니 드라마 주제가 불러온 사회적 파장도 적지 않았다. 서로 다르게 살아가는 세 모녀의 갈등과 화합 속에서 인생은 무엇이고, 사람은 왜 사는지, 여자의 행복은 무엇인지를 되새겨보게 했던 이 드라마는 당시 여자들에게 '여자들의 인생이란 무엇인가?'라는 근본적 질문을 던지고 답하게 한 드라마였다.

문득 이렇게 20년쯤 전 드라마를 떠올리게 된 이유는 무엇일까? 그때와 시대는 엄청나게 변했지만 '여자는 무엇으로 사는가'라는 질문은 여전히 강력하며, 언제부턴가 그 질문을 자꾸만 스스로 되묻고 있는 나를 발견했기 때문이다.

내가 나를 속이며 살았구나!

나도 한때, 내가 좋아하는 일을 하며 사랑하는 남자를 만나 행복한 가정을 꾸리는 것이 성공이자 행복이라고 믿던 때가 있었다. 많은 여자들이 그렇듯 그것이 최고의 성공이자 행복이라고 확신했다. 내 몸을 돌볼 새 없이 오로지 일과 가정에 헌신한 만큼 다행히 성과도 있었고, 나름대로 만족하며 살았다. '이런

게 행복이구나' 싶을 때도 종종 있었다.

그러나 '마흔 고개'를 넘어서면서 나는 묘한 상실감에 시달려야 했다. 자꾸만 가슴에서 뭔가 빠져나간 듯 허망하고 우울한데 원인을 알 수 없어 더욱 답답했다. 단순한 갱년기 증상도 아니었고 누구보다 열심히 살아온 내가 인생에 후회가 들 리도 만무했다. 더듬더듬 원인을 찾던 어느 날 이런 생각이 들었다.

'내가 나를 속이며 살았구나.'

이런 마음의 방황은 꽤 오랫동안 나를 괴롭혔다. 하지만 내가 답을 찾지 못하면 누군가 대신 해주지 못할 답이기도 했다.

나는 우울한 표정으로 앉아 있는 대신 사람들을 더 만나고, 닥치는 대로 책을 읽고, 하던 일을 더 열심히 하고, 너무나 당연하게 옆에 있을 것 같은 가족들을 새롭게 바라보기 시작했다. 그리고 그 과정에서 여자로서, 한 인간으로서 큰 삶의 변화를 겪었다.

내가 진정 원하는 것은 따로 있다

나는 이 책을 통해 평범한 아내이자 엄마인 내가 그 방황의 시간들을 거쳐 오면서 만난 사람들과 그들을 통해 내가 새롭게 깨우친 것들에 관한 이야기를 하려 한다. 그래서 이 책은 공원에 나가면 흔히 마주치는 엄마들, 남편 때문에 속 썩는 아내들, 그리고 자기 자리에서 최선을 다해 살아가는 많은 여자들이 가슴을 풀어놓고 나누는 대화이자 공감이다.

이 땅의 아내들은 지금 많이 아프다. 가정을 위해 오롯이 헌신했지만 정작 자신의 몸과 마음은 기댈 곳이 없다. 결혼 10여 년 남짓 남겨진 거라곤 툴툴거리는 사춘기 아이들과 밖으로만 도는 무관심한 남편, 망가진 몸과 체력, 웬만한 일에는 놀라지도 않는 뚝심뿐이다.

하지만 내가 보기에 그녀들의 마음은 새순보다 여리다. 세월의 풍파를 온몸으로 맞았으되, 아직도 따뜻한 말 한 마디에 감동하고 소소한 작은 일에 기뻐할 줄 안다. 게다가 언제든 자신을 더 헌신할 준비가 되어 있는 그녀들.

이 책을 통해 그녀들이 잠시 지친 마음을 눕히고, 켜켜이 쌓아둔 화와 속내를 풀어내고, 나만 아픈 것이 아니었다는 사실을 깨닫고 서로를 응원해줄 수 있으면 좋겠다. 그래서 잠시 꺾여진 무

률을 다시 세워 살아갈 힘을 얻고, 그녀들이 '나'를 더 사랑하고
행복해지는 길을 발견할 수 있다면 좋겠다.

이 땅의
아내들은 아프다

이 땅의 아내들은 지금 많이 아프다.
가정을 위해 오롯이 헌신했지만
정작 자신의 몸과 마음은 기댈 곳이 없다.

목차

Story_1

이 땅의

아내들은

아프다

지금,

나는 무엇으로

살고 있는가?

지나가는 남자들을
모두 세워 놓고

'남자는 가끔 아내와의 결혼을 후회하고, 아내는 아주 가끔 남편과의 결혼에 만족한다'는 말이 있다. 나는 그 말에 전적으로 동의한다. 돌아보면 나도 결혼에 만족했던 시간보다는 후회했던 날이 더 많았으니까!

사실 여자들이 결혼을 통해 바라는 것은 큰 것이 아니다. 남편에게 인정받고 사랑받는다는 느낌만 충족되면 속을 뒤집는 시댁의 비위도 얼마든지 맞출 수 있고, 쥐꼬리만한 월급으로도 거뜬히 알뜰살뜰 살 수 있는 게 여자들이다. 그런 여자들을 변하게 하는 것은 다른 게 아니다. 남자들이 생각하는 것처럼 돈도 아니다. 바로 남편의 무관심과 비난이다.

남자들의 식어버린(아니 표현하지 않은) 감정은 여자들에게 사형선고나 마찬가지다. 다른 건 모두 포기해도 사랑만은 포기할 수 없는 여자들에게 무관심이야말로 가장 큰 형벌이 아닌가. 그런데 남자들은 '네가 원하는 건 다 해줄게'라고 말하면서도 정작 가장 중요한 애정과 관심을 빠른 속도로 버려 버린다. 참으로 아이러니하다.

사랑만은 포기할 수 없는 여자들에게

나는 '사는 게 뭐 이런가' 싶은 마음이 들 때면 가끔 나와 비슷한 처지에 있는 선후배들을 만나 대화를 나누곤 한다. 그러면 내가 겪는 이 현실이 참으로 별 거 아니라는 위안을 받기 때문이다. 또 가끔씩 세상살이 희로애락이 다 담겨 있는 인터넷 게시판의 글이라도 읽게 되면 말로 형언하기 어려울 만큼 복잡하고 다양한 유형의 남편들이 너무나 많다는 사실에 깜짝 놀라게 된다. 술 좋아하고, 돈 펑펑 쓰고, 무관심하고 매정한 것은 오히려 약과에 속한다. 대체 하루라도 어떻게 살까 싶은 지독한 사연

들이 넘친다. 그런 걸 보면 참으로 많은 여자들이 마음의 병을
참고 달래가며 살아가고 있다는 것에 놀라면서 속도 상하고 억
울할 때도 있다.

대체 그 많고 아름답던 결혼 전 남자들의 공약과 다짐은 다 어
디로 사라져 버렸단 말인가. 아침마다 모닝키스를 하고, 모락모
락 김이 피어오르는 된장찌개를 나눠 먹고, 도란도란 대화를 나
누며 산책을 하고, 1년에 한 번씩은 해외여행을 다니자던 그 굳은
약속들은 어디로 팔아먹어 버렸는가. 손에 물 한 방울 묻히지 않
도록 호강시켜 주고, 너만 바라보고 살겠노라던 다짐은 대체 누
구에게 했던 것들이었을까?

그 남자가 이젠 나 때문에 못 살겠다고 한다

나도 한때 지나가는 남자들을 세워 놓고 일일이 물어보고 싶
을 만큼 분통이 터질 때가 있었다. 왜 남자들은 결혼과 동시에
그렇게들 변하느냐고. 어쩌면 남자들은 그렇게 다 연애시절 다
정다감하고 배려심 깊던 모습은 온데간데 없어지고, 자기중심
적이고 무뚝뚝하게 변하는 걸까. 한두 명도 아니고, 마치 단체로

예비군 교육이라도 받은 듯 똑같이 변하니 남자란 존재가 원래 그런 본성을 갖고 있는 건 아닐까 하는 의구심마저 든다. 나 없인 못 살겠다고 애원하던 그 남자가 이젠 나 때문에 못 살겠다고 하니 말이다.

결혼을 하는 사람들이라면 누구나 푸른 초원 위에 그림 같은 집을 짓고 '사랑하는 님'과 함께 행복하게 살고 싶다. 하지만 현실은 이상과 너무 다르다. 2~3년이 지나면 폭풍 같았던 사랑도 어느새 시들해지고 남는 건 한시도 눈을 뗄 수 없는 아이들과 시집 식구들에 대한 부담과 짜증, 무관심해진 남편의 눈길, 해도해도 끝나지 않는 잔일들, 꼬박꼬박 찾아오는 대출금과 할부금 날짜, 미래에 대한 두려움 따위뿐이다.

물론 가뭄에 콩나듯 영화 속 주인공처럼 알콩달콩 살아가는 사람들도 더러 있긴 하다. 나는 그런 부부를 볼 때마다 약간의 질투를 느끼곤 한다. 그런 남편과 사는 여자는 전생에 나라를 구한 걸까 생각하며 부러움을 달래보지만 마음 한곳이 헛헛한 것은 어쩔 수 없다.

아마 많은 여자들이 나와 비슷한 심정이 아닐까.

영원히 철들지 않는
남자와 살아가며

가끔 동네 아줌마들과 만나 차 한 잔이라도 하게 되면 정말 그 자리에서만 듣긴 아까운 철없는 남편들의 사연이 끝도 없이 쏟아져 나온다. 그런 남편들을 여자들은 '아직 철들지 않은 큰아들' 같다고 한다.

결혼 5년차 미진 씨의 남편은 월급이 200만 원 남짓인데 남편이 자동차에 미쳐서 한 달에 100만 원씩을 차에 퍼붓는 바람에 이번 달 세금을 못냈다고 푸념한다. 그 옆집은 밤이면 밤마다 게임에 빠져 눈이 벌개진 40대 남편 때문에 골머리를 앓고, 또 그 옆집은 아내가 집을 비우면 몇날 며칠 끼니를 굶거나 짜장면만 시켜먹는다는 남편 때문에, 또 그 옆집은 한 달에 네 번 비가 오면 네 개의 우산을 사둬야 하는 남편 때문에 아내의 속이 썩어난다고 한다.

후배가 속사정을 털어 놓았다

얼마 전 긴 직장생활을 마치고 휴직 중인 한 후배가 찾아와 넋두리를 늘어 놓았다.

"10년 일하고 얼마 전 휴직을 할 때만 해도 전 꿈에 부풀었어요. 애 키우랴, 직장 다니랴 그동안 생활이 말이 아니었거든요. 제가 일을 하니까 남편과 가사일 분담으로 싸움도 잦아서 미안한 마음도 있었고요. 휴직하면 일단 집안 정돈하고, 못했던 취미생활도 하고, 공부도 하면서 여유 있는 생활이 될 줄 알았죠. 그런데 선배, 이건 제 생각과는 달라도 너무 달라요. 남편은 제가 집에 들어왔는데도 밖으로만 돌고 집안일을 완전히 제몫이 되어 버렸고요. 내가 하는 모든 말을 잔소리로 듣는 남편 때문에 직장에 다닐 때보다 더 충돌이 잦아진 것 같아요. 요즘은 아예 집에 안 들어올 때도 있어요. 차라리 다시 직장으로 돌아가야 할까요?"

나는 그녀의 하소연이 너무나 안타까웠다. 그녀가 얼마나 힘들게 직장생활을 했는지 옆에서 고스란히 지켜봤기 때문이다. 말이 좋아 직장생활이지, 그녀의 생활은 최소한의 생활비라도 벌어보려는 몸부림 그 자체였다. 그나마 협조적이지 않은 남편과 직장의 스트레스에 맘고생이 이만저만이 아니었다.

어디 그녀뿐인가.

얼마나 많은 아내들이 돈 몇 푼이라도 아끼려고 먹고 싶은 것, 입고 싶은 것, 가고 싶은 곳을 포기하며 사는가. 콩나물 한 봉지를 사면서도 몇 백 원을 깎기 위해 남편에게도 부리지도 않던 애교를 가게 주인아저씨에게 부리는 게 아내들이다.

그런데 남자들은 그 사정을 아는지 모르는지 정말 속수무책이다. 퇴근 후 친구들과 어울려 일주일 생활비를 단숨에 술로 마셔 버리고, 집안 형편은 아랑곳하지 않은 채 고고씽만 외쳐댄다. 심한 남자들은 카드 값으로 수십, 수백만 원의 돈을 하룻밤에 탕진하기도 한다. 마치 함께 술 한 잔 기울여 줄 친구가 있다면 내일 지구의 종말이 와도 상관없다는 듯한 태도다. 게다가 같이 술 마시던 친구들을 오밤중에 집에까지 끌고 들어오는 일은 왜 그다지도 많은지.

이런 남편을 보고 욕지기가 치밀지 않을 아내는 거의 없다. 마음 같아선 무인도에 홀로 보내 몇 달만 살다오게 하고 싶은 마음이 굴뚝같다.

나는 입이 쩍 벌어졌다

한번은 스터디 모임에 참석한 한 남자분이 불쑥 이런 얘길 쏟아냈다.

"저는 결혼 20년 동안 가장으로서 의무를 다했다고 생각해요. 술 담배도 한 적 없고, 바람을 피운 적도, 가족을 폭행한 적도, 노름을 한 적도 없습니다. 사실 저 같은 남자는 어디가서도 찾아보기 힘들 거라고 자부합니다. 그런데 아내가……."

그는 이름만 대면 누구나 알 만한 대기업에 다니는 K부장이다. 그는 큰 부자는 아니지만 경제적으로 넉넉한 편이었고 나름대로 노후대비도 해놓았다며 아내가 왜 갑자기 이혼을 원하는지 모르겠다고 했다. 그의 말에 따르면 자신은 여자들이 싫어하는 권위적인 스타일도 아니었고, 평소에도 "물 달라", "신문 달라" 귀찮게도 하지 않는 나름대로 민주적인 가장이라고 자부하고 있었다.

그런데 어느 날 갑자기 아내가 "너무 허무하다. 이제라도 내 인생을 찾고 싶다"는 쪽지를 남기고 홀연 집을 나가버렸다는 것이다. 그리고 며칠 후 이혼을 하자는 편지가 날아왔단다. 아내가 폭탄선언을 한 지 4개월이 되어 가지만 그는 이런 놀라운 일이 자신에게 벌어진 사실과 이혼을 당할지도 모른다는 현실을 전혀 받아들이지 못하고 있었다.

나는 그에게 조심스럽게 물었다.

"잘 한번 돌이켜 보세요. 그동안 아내를 힘들게 하거나 서운하게 한 적이 정말 없으신지. 보통 남자들은 본인이 가정적이고 아내에게 자상하다고 생각하지만 여자들 입장은 좀 다를 수 있거든요. 평소에 이 부분에 대해 대화는 좀 없었어요?"

한참이나 생각에 잠겨 있던 남자가 한결 누그러진 말투로 입을 열었다.

"물론 아내를 편안하게 해줬던 것만은 아니에요. 시인합니다. 몇 번 힘든 친구들의 보증을 섰다가 집을 날릴 뻔한 적도 있고, 제가 화가 나면 원래 말을 잘 안하는 성격이라 가끔 꽁하고 있기도 했고요. 승진 욕심에 뒤늦게 대학원에 입학해 다니느라 아내가 때늦은 뒷바라지도 했고요. 그래도 제 관리가 곧 가정의 행복과 직결된다고 믿어서 그 와중에도 운동도 하고 등산도 열심히 다녔어요. 그게 아내를 저렇게 만들 정도로 심각한 문제인가요?”

나는 입이 쩍 벌어졌다. 그런 어마어마한 캐릭터면서 자신이 꽤 훌륭한 가장이라고 믿고 있는 그분의 태도에 한 번 놀랐고, 또 알 만한 분이 이렇게 문제가 불거진 후에야 자신을 돌아보게 됐다는 것도 충격적이었다.

그만큼 남자들은 평소에는 둔감하다가 문제를 키우는 성향이 있고, 자신이 좋으면 주위야 어쨌든 상관없다는 사람도 많다. 가족의 행복보다 자신의 체면이나 명예 때문에 사고를 치기도 하면서 평소 아내의 마음이나 생각에는 이토록 무관심한 게 남자들이다.

나는 이분처럼 멀쩡해 보이는 남자도 ‘철이 안 든 남자’ 중 대표적인 부류하고 생각한다. 자신은 가정적일 뿐 아니라 가정에 부족함이 없이 잘해줬다고 생각하는 남자들은 왜 이렇게도 많은지.

가장 대책 없는 철들지 않은 남자

시댁 문제로 10년 넘게 골머리를 앓아온 한 후배. 옆에서 보기 딱할 정도로, 정말 당장이라도 때려치우라고 말하고 싶을 정도로 그녀의 남편은 대단했다. 그야말로 시어머니와의 애착관계가 대단했다.

후배의 남편은 결혼하기 전에 이미 돌아가신 아버지에게 많은 재산을 물려받았고, 몇 개의 건물도 소유하고 있는 부자이다. 그래서 남들은 월세다, 전세다 걱정할 때 그녀는 남편의 명의로 되어 있는 화려한 아파트에서 신혼생활을 시작했었다. 외아들인지라 신혼 때부터 시어머니와 함께 산 것까지는 좋았는데 그 이후 풍경이 정말 가관이다.

"어제는 목욕을 하고 있는 남편을 어머니가 밖에서 한참을 기다렸다가 목욕탕에서 나오자 남편 속옷을 챙겨주고, 뒷정리를 해주시는 거야. 기분이 뭐랄까…… 표현하기 힘들었어."

그런 일이 있을 때마다 후배는 '어머님이 나의 일을 도와주시려고 그러나 보다' 하고 크게 신경 쓰지 않았다고 한다. 하지만 그게 아니었다. 결혼 후 10년이 지나도록 남편의 행동은 더하면 더했지 좀처럼 어른스러워지지 않았다. 아내와 상의할 일이 생겨도 먼저 어머니에게 달려가고, 심지어 부부싸움을 하면 어머니 방으로 가서 자는 통에 자신만 몹쓸 여자가 되었노라는 후배의 하소연은 시간이 갈수록 횟수도 잦아졌고, 그 강도도 세졌다.

후배의 얘기를 듣다가 나도 모르게 "어떻게 그런 인간하고 10년을 살았니? 나 같으면 단 하루도 못 살았겠다"며 애꿎은 후배를 몰아세웠다. 후배는 그럴 때마다 "별 수 있어요? 참고 살아야죠. 철 안든 아들과 산다 생각하면 못할 것도 없죠. 그런데 언제까지 참을 수 있을지는 모르겠어요"라며 편치 않은 심정을 애써 달래곤 했다.

그러던 어느 날, 그 후배가 이혼했다는 소식을 들었다. 기왕 엎질러진 물 차라리 잘했다, 라며 위로를 하려고 전화를 했다가 그녀의 입에서 나온 말을 듣고 나는 경악을 금치 못했다.

"남편과 어머니가 미리부터 이혼 준비를 했는지 돈 한 푼 못 받고 쫓겨나듯 집을 나와 친정에 온 지 꽤 됐어요."

그녀는 이혼을 한 게 아니라 이혼을 당했다고 했다. 어떻게 그런 일이 있을 수 있을까. 나는 한동안 망연자실해 아무 말도 할 수 없었다. 얼굴이 예쁜 만큼 마음도 착하고 모질지 못했던 후배라 그런지 이후로도 한동안 마음이 아팠던 기억이 난다.

남자들은 영원히 철들지 않는다

『나는 아내와의 결혼을 후회한다』를 쓴 김정운 교수는 책에서 남자들이 철들지 않는 여러 가지 이유를 들어 큰 공감을 불러일으켰다. 나도 그 책을 읽으며 많은 부분 크게 공감하기도 했다.

나는 남자들이 철들지 않는 결정적 이유가 열 달 동안 뱃속에 아이를 품고 있는 잉태 경험을 하지 못하고, 온몸이 찢어질 듯 고통스러운 출산의 고통을 당해 보지 않아서라고 생각한다. 이것은 어쩌면 여자와 남자를 영원히 가르는 결정적 경험의 차이가 아닐까 싶다.

그렇다고 남자들에게 아이를 가지라고 할 수도 없는 일, 나는 언제부턴가 아예 '남자는 평생 철들지 않는 존재'라는 사실을 쿨하게 인정하며 살고 있다. 하지만 그 남자들과 살아가며 가슴이 무너지는 여자들을 볼 때마다 자꾸만 가슴이 먹먹해진다.

03

어느 날부턴가 우리는
돌아눕기 시작했다

연애 시절 콩깍지가 씌어 있을 때는 전쟁 같은 사랑을 한다. 하루 종일 같이 있다가 헤어져서도 다시 전화기를 붙들고 밤을 새우고, 왕복 네 시간이 넘는 거리를 매일 출퇴근을 시켜 주면서도 피곤한 줄을 모른다. 혹시라도 부모나 친구들이 뜯어말리기라도 하면 오, 그것이 불타는 장작에 기름을 퍼붓는 것과 무엇이 다를까. 마치 자신들이 소설 속 비련의 주인공이라도 된 양 사랑에 목숨까지 걸어 버리는 것이다.

온갖 장애물을 극복하고 결혼한 커플일수록 신혼기간은 매일매일 깨가 쏟아진다. 왜 아니겠는가. 어떻게 지켜낸 사랑이고 어떻게 되찾은 행복인데. 신혼의 부부는 활활 불타오르는 장작불과 같다.

하지만 안타깝게도 사랑의 유효 기간은 그다지 길지 않다. 미국 코넬대학교 인간행동연구소의 연구결과를 보면 가슴 뛰는 남녀 간의 사랑이 지속되는 기간은 불과 10~30개월 남짓이다.

연구팀은 2년에 걸쳐 다양한 문화 집단에 속한 남녀 5천 명을 대상으로 인터뷰를 실시했다고 한다. 그 결과 남녀가 사랑에 빠지면 각 단계마다 도파민, 페닐에틸아민, 옥시토신, 엔도르핀 등의 신경조절·전달 물질과 호르몬이 분비되는데, 이 물질들이 만들어지는 과정에 따라 우리의 감정도 열정적이었다가 안정적으로 그리고 서서히 시들하게 변해간다는 것이다.

사랑도 결국 호르몬 작용이라는 것인데, 인정하기 싫겠지만 결혼한 사람들이라면 누구나 이 결과에 어느 정도 고개를 끄덕일 거라고 생각한다.

연애는 환상이지만 결혼은 현실이다

결혼해서 살아보니 연애와 결혼에 대해 이 말만큼 정확한 표현도 없지 싶다. 정말이지 연애는 감정만으로도 얼마든지 가능하지만 결혼은 준엄한 현실이다.

하지만 대부분의 사람들은 연애 때 느끼는 감정에 이끌려 결혼을 결심한다. 지금처럼만 서로를 사랑하면 영원히 행복할 것 같고, 옆에 있는 그 사람이 변함없이 잘해줄 거라고 믿는다.

특히나 남자들은 연애할 때나 신혼시절에 보면 놀라울 정도로 사랑스럽다. 아침마다 이마에 뽀뽀를 해주고, 설거지와 청소도 기꺼이 해주고, 가끔은 밥도 지어 차려 놓는가 하면 기념일도 잊지 않고 챙겨준다. 혹여 여자가 어디 아프기라도 하면 제 몸이 아픈 것보다 더 마음 아파하며 어쩔 줄을 모른다.

그런 자상한 남편을 보며 여자들은 '역시 이 남자와 결혼하길 잘했어'라며 흡족해한다. 하지만 살다보면 항상 좋을 수만은 없다. 시간이 지나면서 점차 콩깍지가 벗겨지고 그때는 알지 못했던 단점들이 하나둘 눈에 띄기 시작한다. 소박하고 착하던 모습은 못나고 소심해보이고, 돈 잘 쓰고 호방하던 모습은 어느새 경제관념 없고 무능력한 남자라는 뜻으로 바뀌게 된다. 음식 까탈 없이 아무것이나 잘 먹던 모습은 여전한데 부부싸움 후에도 아무 고민 없는 사람마냥 밥 한 그릇씩을 뚝딱 비우게 되면 밥 먹는 모습마저 어찌나 꼴보기 싫은지.

남편과 결혼하기까지 나는 그 흔한 로맨스 한 번 없었다. 남들처럼 드라마틱한 연애담도 변변히 없다. 그 시절의 많은 사람들이 그랬듯, 우리도 중매결혼을 했다.

떡집을 하시던 부모님께서 "오래전부터 집안끼리 알고 지내는 사이인데 한번 만나보면 어떻겠냐"며 적극적으로 인연을 만들어주셨다. 그렇게 남편을 만나 석 달 정도의 짧은 연애를 거쳐 추위가 기승을 부리던 1월, 성당에서 결혼식을 올렸다.

신부입장을 하면서 아버지는 내 손을 꼭 잡고 "평생 동안 나는 두 번 우는구나. 한 번은 네 할머니가 돌아가셨을 때고, 또 한 번은 바로 지금이구나. 너에게 해준 게 너무 없어 자꾸 눈물이 난다"며 연신 눈물을 훔치셨다.

엄격하시고 무뚝뚝하셨던 아버지가 새롭게 보이고, 자식에 대한 사랑이 고스란히 느껴졌던 순간이어서인지 이미 고인이 되신 아버지를 생각할 때마다 눈시울이 뜨거워진다.

남편은 나를 무척 사랑해주고 좋아했다. 하지만 여자는 조신하고 여성스럽고 참해야 한다는 확고한 생각을 갖고 있던 사람이어서인지 자신의 생각과 조금이라도 어긋나거나 실수를 하면 내

탓부터 하는 버릇이 있었다. 이런 성격 때문에 우리는 점점 의견 차이가 많아지고 부부싸움을 하는 횟수도 잦아졌다.

시댁과의 관계도 쉽지 않았다. 결혼을 하고 1년 정도는 서로를 알아가는 시기라는 생각에 몹시 신경을 썼다. 그리고 어느 정도 좋은 감정들이 쌓여갈 때면 '아, 이래서 결혼을 하는구나'라는 생각에 뿌듯하기도 했다.

하지만 1년이 지나며 아이를 낳고 보니 어려운 점들이 곳곳에서 생겨나기 시작했다. 시어머니가 두말없이 담가주던 김치를 언제부턴가 내가 직접 담가야 했고, 틈만 나면 시댁에 가서 밥과 청소를 해야 하는 상황도 생기고, 일을 끝내고 나면 시댁에서 잠을 자야 하는 일도 자주 벌어졌다. 직장생활을 하고 있던 터라 가끔은 힘들다고 넋두리라도 할라치면 "그 정도도 안하는 여자가 세상에 어디 있냐? 넌 호강하는 줄 알고 살아라"라는 말로 일축해버리곤 했다.

어느 날 시댁 식구들과 2박 3일 여행을 갔던 기억이 난다. 하룻밤을 지낸 다음 날 아침, 신랑에게 농담 삼아 "여행을 오면 남자들이 밥도 하고 설거지도 하는 거 아니에요?"라고 했더니 옆에서 듣고 계시던 시아버님께서 "남자는 모름지기 주방 근처에 얼씬도 하지 않는 게 도리다"라고 크게 호통을 치시는 바람에 어찌나 놀랐던지.

이런 사고방식을 가진 집안이었으니 이후 가정주부로서의 내 삶이 대충 상상이 될 것이다.

세탁기 한번 돌려주지 않는 남편, 이사갈 때마다 짐 한번 싸주지 않던 남편은 그것 때문에 내가 얼마나 힘이 드는지는 전혀 안중에도 없는 사람처럼 보였다. 진짜 나를 사랑하긴 하는 걸까 하는 질문을 마음속으로 수도 없이 던졌었다.

그런 사소한 일들이 발단이 되어 남편과 나는 참 자주 다퉜다. 이후 우리 부부는 많은 시행착오를 거쳐 서로 변화해 왔지만 지금도 그 시절을 생각하면 남편에 대한 서운한 마음이 새록새록 올라오곤 한다.

많이 배웠건 적게 배웠건 크게 다르지 않다

대학에서 학생들을 가르치는 Y교수가 있다. 강의를 시작하면서 알게 됐는데 몇 번 밥을 먹으며 급격하게 친해졌다.

한 번은 무엇 때문에 힘이 드는지 며칠 동안이나 기운이 없어 보여서 용기를 내어 물었다. 그녀는 잔소리꾼 남편 때문에 속상해 죽겠다고 했다.

"현관에 들어오면서부터 잔소리가 시작돼요. '신발이 이꼴이 뭐냐'는 말이 끝나기도 전에 왜 세탁기 문이 열려 있느냐, 거실엔 왜 청소기가 넘어져 있느냐, 냉장고엔 뭐가 저렇게 많이 쌓여 있느냐, 하루 종일 잠만 자는 거냐며 잔소리를 하다가 문을 쾅 닫고 자기 방으로 들어가 버려요. 그렇게 내내 짜증만 내다가 등을 획 돌리고 잠을 잔다니까요. 하루 이틀도 아니고 정말 말라죽을 지경이에요."

간혹 가다 그런 남편들이 있다는 말은 들었지만, 사실 나는 부부갈등의 원인이 한 쪽에게만 있다고 생각하지 않는 편이어서 '그녀가 일을 하느라 집안일을 잘 하지 못하는 구석이 있나 보다'라고 생각했다. 그러면서도 마음 한편으로는 그녀의 남편이 정말 까다로운지 궁금하던 차에 Y교수로부터 초대를 받게 되었다. 약속 시간보다 조금 일찍 도착했는데, 그날도 역시 부부는 언성을 높이고 있었다.

"누가 맘대로 이런 것까지 사라고 했어? 영수증은? 도대체 살림을 어떻게 하는 거야?"

그녀의 남편은 집에 초대한 사람들을 접대하기 위해 사온 물건들을 일일이 꺼내보고 있었다.

낯선 이들의 등장에 잠시 놀라 잠잠해진 남편은 식탁에 앉아 음식을 차릴 때 또 다시 잔소리를 하기 시작했다.

"그릇이 왜 부족해? 하긴 평소에 살림에 관심이나 있어야 말이지. 여자가 그릇이 뭐가 있는지 알지도 못하고, 냉장고에 먹다 남은 반찬이 썩어도 아까워할 줄도 모르고 말이야!"

초대한 부부 사이에 흐르는 냉랭한 분위기 때문에 나를 비롯한 손님들은 음식이 입으로 들어가는지, 코로 들어가는지도 모를 정도로 안절부절했다. 정말이지 최악의 식사자리였다.

식사를 마치고 Y교수가 잠깐 자리를 비운 사이 그녀의 남편과 잠깐 얘기를 나눌 기회가 있었다. 나는 그녀가 학교에서 얼마나 인기가 많은 교수인지, 얼마나 다정하고 착한 사람인지 일부러 남편 들으라는 듯 칭찬을 늘어 놓았다. 그리고 요즘 Y교수가 스트레스가 심하고 우울해 보이는데 무슨 일이 있느냐고 조심스레 물었다.

남편은 기다렸다는 듯 자신의 속내를 털어 놓았다.

"학교에서 애들 가르치는 게 무슨 큰 유세도 아니잖아요. 그래도 여자가 할 일은 해야죠. 이건 뭐 여자가 돼서 집안 살림은 안중에도 없고 꼼꼼하지도 못한데다 씀씀이만 헤프니 자주 싸울 수밖에요.”

입을 열자마자 남편은 아내에 대한 불평을 끝도 없이 늘어 놓고 있었다. 그녀가 돌아와 듣기라도 하면 큰일이 나겠다 싶어 나는 서둘러 대화를 중단했다. 아내의 단점만을 보려는 남편에겐 어떤 조언도 통하지 않기 때문이다. Y교수의 남편은 학벌도 상위 1퍼센트에 들 만큼 좋고 겉보기에 무척 점잖은 사람이다. 하지만 그런 배움이 아내와의 관계에는 전혀 도움이 되지 않은 것 같다. 하긴 그녀의 남편도 젊었을 적엔 애처가로 소문이 났던 사람이라는데, 참 이상한 노릇이었다.

등 돌린 남편 때문에 망가진 여자

자기 자랑에 열을 올리는 지인이 있다. 그녀는 일단 누군가와 만났다 하면 시간이 얼마나 흐르는지도, 상대가 얼마나 괴로워하는지는 안중에도 없이 자기 자랑을 늘어놓는다. 자신은 어려서부터 공주처럼 곱게 자랐다는 둥, 미팅에 나갔다 하면 킹카들이 자기한테만 관심을 가졌다는 둥, 고급 브랜드가 아니면 사지도 입지도 않았다는 둥, 어떤 호텔에 무슨 음식이 좋다는 둥 묻지도 않은 과거 자랑을 늘어놓느라 정신이 없다.

나보다 언니뻘이고 오랫동안 알고 지내온 사이기에 그 관계를 깨기 싫어 대놓고 불만을 토로할 수는 없지만, 만날 때마다 여간 피곤한 게 아니다. 어쩌다 만나게 되면 오늘은 제발 밥이나 맛있게 먹고, 조용히 헤어졌으면 좋겠다는 생각이 먼저 들 정도다.

그런 그녀가 평소 자주 하는 말이 있다.

"남자의 마음을 얻지 못하면 여자의 생명은 그때부터 끝인 거야. 나처럼 애교도 부리고 가꿔야 남편에게 사랑을 받지. 난 정말 행복해."

어지간히 부부 금슬이 좋은가 보다며 가끔은 속으로 부러워한 적도 있지만, 어딘지 모르게 그녀의 말에서는 진정성이 느껴지지 않았다.

그런데 얼마 전 그녀와 친한 다른 지인으로부터 흥미로운 이야기를 들었다. 매번 자기 자랑에 열을 올리던 그녀가 아이러니하게도 결혼 후 남편에게 철저하게 무시를 당하며 살고 있다는 사실이었다. 결혼 후 몇 년 뒤부터는 각방을 쓰고 있다는 말도 함께.

그 순간 나는 왜 그녀가 그동안 그토록 자랑에 심취했는지 단박에 이해하게 됐다. 집에서 남편에서 무시당하고 사랑을 받지 못해 쌓인 불만을 그런 식으로 해소했던 것이다. 같은 여자로서 그녀가 참 안쓰럽게 느껴졌다.

부부는 가족이지 남녀가 아니다!

내 남편, 네 남편 할 것 없이 왜 남자들은 결혼 후 180도로 변하는 걸까? 신혼 시절 잠자리에 들 때면 알아서 팔베개를 내주던 자상한 남자는 어디로 간 걸까? 정말 결혼은 내 남자의 자상하고 다정다감했던 마음, 늠름하고 사랑스러운 모습을 빨아들이는 '블랙홀'이라도 되는 걸까?

결혼 10년 정도가 지나면 애정 표현이 사라지는 것은 물론 함께 자지 않는 부부도 많아진다고 한다. 흔한 우스갯소리로 '부부는 가족이지 남녀가 아니다'라고도 하지만 부부가 등을 돌리기 시작했다는 것은 여자에겐 더할 나위 없는 상처가 된다.

어떤 남편과 살든 여자는 남편의 사랑에 목말라하는 존재다. 아무리 경제적으로 풍족하게 사는 여자도 남편의 사랑을 받지 못하면 시든 꽃처럼 혈색을 잃어간다.

남자들은 알까? 둘만 있는 공간에서 남편이 등을 돌리고 돌아눕는다는 것은 여자에겐 '그만 살자'는 말을 돌려서 하는 것과 다름없다는 사실을.

04

남편이 나를 속이는 일이 점점 많아진다

지금껏 인생을 살아오면서 한 가지 깨달은 사실이 있다. 삶이 나를 속이는 일보다 남편이 나를 속이는 일이 더 많다는 것이다. 삶은 내가 어떤 일을 소홀히 했거나 정직하지 못했을 때 시련을 안겨 준다. 하지만 남편은 그렇지 않다.

남편은 내가 아무리 잘해줘도 나를 속이고, 아무리 노력해도 시련을 안겨 준다. 여자들을 더욱 화나게 하는 것은 남편이라는 존재가 자신이 아내에게 어떤 잘못을 했는지 대부분 알지 못한다는 점이다.

처음 몇 번은 가르치고 어르고 화도 내보지만 시간이 지날수록 일일이 따지고 들 수도 없다. 따지고 들자면 몇 날 며칠을 말해도 부족할 만큼 쌓인 것도 많고, 그래봤자 결국 남는 거라곤 부부싸움이란 걸 아내들은 경험으로 알고 있기 때문이다.

애써 참아도 보고, 무시도 해보고, 원망도 해보고, 시위도 해보지만 좀처럼 바뀌지 않는 게 남편들이다. 그래서 웬만한 아내들은 울컥울컥 화가 치밀 때마다 그 화를 언제 어떻게 거둬들여야 하는지도 잘 알고 있다. 자기 속이 썩어문드러질 때마다, 너무나 식상하지만 가장 확실한 최면을 자신에게 걸기도 한다.

'사랑해서 결혼한 사람이니까', '아이들의 아빠니까', '한평생 같이 살 사람이니까', '어쨌거나 믿을 사람은 남편뿐이니까'라고 말이다.

남편에게 여자가 생긴 것 같아

얼마 전 친하게 지내는 후배가 함께 저녁이나 먹자며 나를 찾아왔다. 후배가 결혼한다고 해서 남편 될 사람과 셋이 식사를 하며 축하를 해준 것이 엊그제 같은데 벌써 몇 년의 세월이 흘렀다니 새삼 시간이 참 빠르다는 생각이 들었다. 하지만 후배의 어두운 안색이 마음에 걸렸다.

음식이 나오기를 기다리는 후배의 얼굴은 예전의 활기찬 모습과는 확연히 달라보였다. 분위기를 바꿔볼 요량으로 가볍게 몇 마디 던지자 그제서야 후배는 그동안의 힘들었던 속이야기를 털어놓기 시작했다.

"선배, 정말 자존심이 상해서 말도 꺼내기 싫지만……. 아무래도 남편에게 여자가 생긴 것 같아. 가끔 출장이다 뭐다 외박을 하긴 했지만 한 번도 의심을 해본 적이 없었어. 바쁜 틈틈이 집안일도 곧잘 도와주고 자상한 편이어서 '이래서 결혼을 하는구나'라고 생각할 정도로 나쁘지 않았거든. 푼수처럼 친구들에게 결혼 잘 한 것 같다고 자랑도 많이 했고. 그런데 한 1년 전부터 남편 귀가 시간이 눈에 띄게 늦는 거야."

후배는 음식은 아예 먹을 생각도 하지 않았다. 말을 하면서도 감정이 격해지는지 조금씩 뜸을 들이며 말을 이었다.

"얼마 전부터 남편이 아침마다 넥타이랑 와이셔츠를 고르는데 몇 배의 시간을 들이더라고. 뭘 그렇게 신경 쓰냐고 했더니 버럭 신경질을 내는 거야. 마음이 콩밭에 가 있는지 가족여행이

나 행사에는 전혀 관심도 없었어. 지난달에는 결혼기념일도 잊어 버려서 한바탕 부부싸움도 하고……. 참다 못해서 며칠 전 여자라도 생겼냐고 물었더니 글쎄, 눈을 똑바로 쳐다보면서 그렇다고 대답하는 거 있지? 세상에, 어떻게 이런 일이 있어? 아니라고 부정을 해도 화가 날 판에 대체 무슨 속셈으로 바람이 난 걸 그렇게 뻔뻔하게……."

후배는 어떻게 해야 할지 혼란스러운 나머지 아무 것도 손에 잡히지 않는다고 했다. 며칠 동안 눈물이 멈추지 않는다는 말을 하면서도 두 눈엔 눈물이 가득했다. 더 안타까운 것은 신랑에 대한 분노 때문에 아이에게도 매일 짜증을 내게 되니 그런 자기 자신한테도 너무 화가 나서 미쳐버릴 지경이란다.

나는 후배의 울먹이는 목소리를 들으면서도 내가 해줄 수 있는 일이 그다지 많지 않다는 것을 알았다. 뭐라 얘기할 수가 없어 그저 후배의 말에 공감해주며 '원래 남자들은 다 그래', '그러니 오죽하면 신께서 우리 여자가 아이를 잉태하도록 하지 않았겠느냐', '성숙한 우리가 망나니 같은 남자를 이해해야 하지 않겠느냐'며 다독거려 주었다.

후배와 음식점을 나서는데 머릿속이 복잡했다. 남편 하나만을 믿고 살았던 그녀인데, 남편의 외도를 어떻게 참아낼 수 있을지, 앞으로 그녀에게 닥칠 고통이 어느 정도일지 가늠조차 되지 않았다. 예전의 활기찬 모습을 하루빨리 되찾길 바라면서도 그녀의 남편을 생각하자 참았던 부아가 치밀었다.

너무나 쉽게 들통나는 남자들의 거짓말

동네에서 잉꼬부부로 소문난 젊은 부부가 있다. 그런데 이 부부마저 영영 남이 될 위기에 놓인 채 나를 찾아왔다. 남편의 외도가 문제였다. 양가 도움 없이 부부는 맞벌이로 알뜰하게 살며 한 푼 두 푼 모아 내 집도 마련했다. 이제 좀 살 만하다 싶었던 어느 날, 남편이 회사에서 간 중국 여행에서 술집에 갔다가 카드로 수백만 원을 그었다는 사실을 알게 됐다.

검소한 남편이 하룻밤 술값으로 한 달치 월급을 썼다는 것도 믿기지 않았지만 무엇보다 아내를 힘들게 한 것은 믿었던 남편에 대한 지독한 배신감이었다.

"남편이 여자가 있는 술집을 갔다는 것을 처음 알았을 때 몸이 부들부들 떨려서 아무 말도 할 수 없었어요. 지금까지도 남편과 말도 섞고 싶지 않을 만큼 경멸스러워요. 혹시 화가 가라앉는다고 해도 앞으로 어떻게 남편과 지내야 할지 막막하기만 합니다. 아이만 없다면 당장이라도 갈라서고 싶은 심정이에요. 남편은 그저 미안하다는 말만 하는데 저는 그것마저 가식처럼 느껴져요."

남자들은 여자를 속인다. 그리고 자신의 거짓말이 들통나지 않을 거라 철석같이 믿는다. 하지만 남자들의 거짓말처럼 쉽게 들통나는 것도 없다. 더구나 부부 사이에 무덤까지 가져갈 수 있는 비밀이란 거의 없다.

수년 동안 주식투자를 해 거금을 날렸으면서도 전전긍긍 비밀에 부쳤다가 살던 집이 넘어갈 때에야 실토하는 남편, 친구랑 조용히 술만 마셨다는데 알고 보니 여자가 나오는 집엘 자주 가는 남편, 얌전히 직장 다니는 줄 알았더니 몰래 사업을 시작해 쫄딱 망한 남편 등 술과 카드값, 시댁과 관련된 거짓말들은 거짓말 축에도 속하지 못할 정도로 그 종류도 참 다양하다.

손에 물 한 방울 안 묻히고 살게 해주겠다던 호언장담은 처음부터 믿지 않았지만 여지껏 남편만을 바라보며 그 아픔을 같이 하고 힘든 세월을 감내해온 아내에게 이런 거짓말만큼 고통스러운 형벌이 있을까. 여자들에게 남편에 대한 신뢰란 곧 모든 것이라는 사실을 남자들은 정녕 모르는 걸까?

물질적으로, 경제적으로 어렵더라도 묵묵히 견뎌내고, 우리 가족 먹여 살리느라 고생하는 남편을 고마워하며 살아온 아내에게 적어도 최소한의 의리만은 지켜야 하지 않을까.

상황이 이럼에도 남편의 거짓말에 분노해 끝장을 보는 여자들은 그다지 많지 않다. 처음의 분노가 끝을 볼 수 없는 대개의 이유는 자식, 부모, 경제적 무능력, 남편에 대한 애증 때문이다.

용서는 신이 할 수 있는 영역이라 했다. 용서하며 산다면 그 여자는 신의 경지에 올랐다고 볼 수 있으리라. 여자의 마음을 한 순간에 허물어 버리는 남자들의 거짓말, 남편이기에 믿고 살지만 그 마음의 황량함을 대체 누가 위로해줄 수 있을까.

05

나에게도
쇼핑 중독에 빠진 후배가 있다

며칠 전 한 모임에서 여자 친구와의 연애 문제 때문에 고민하는 30대 남성과 이야기를 나누게 됐다. 그는 쇼핑 중독에 빠진 여자 친구 때문에 무척 힘들다고 했다. 성격도 좋고 야무진 여자 친구는 자신의 이상형에 가깝지만 쇼핑 문제만 생각하면 답이 안 나온다는 것이다.

"데이트할 때 90% 이상의 시간을 쇼핑에만 쏟는 것 같아요. 명품 가방만 해도 벌써 10개가 넘고 옷이며 구두며 정말 보통 사람들은 도저히 이해가 안 갈 정도로 사들입니다. 마치 화성인과 사귀는 것 같아요. 결혼하면 제가 과연 감당할 수 있을지 고민입니다.”

그는 쇼핑 중독에 빠진 여자 친구와 계속 만남을 이어가야 하는지, 아니면 헤어져야 하는지 심각하게 고민 중이라고 했다. 나는 그에게 그녀가 쇼핑에 몰두하는 것은 분명 채워지지 않는 어떤 욕구가 있어서일 테니, 그녀를 진심으로 사랑한다면 진지하게 그 부분에 대해 대화를 나눠보라고 조언했다.

하지만 나는 알고 있다. 그 쇼핑 중독이라는 게 생각만큼 쉽게 해소되지 않는다는 사실을 말이다. 이토록 쇼핑에 몰두하는 사람들은 평소 타인에게서 존중받지 못하거나 마음 둘 곳이 없어 허전한 사람들인 경우가 많다. 그들 마음의 헛헛함을 채워주기에 휘황찬란한 명품 매장보다 좋은 곳은 찾기 힘들다. 고품격의 서비스, 깍듯한 직원들, 주변 사람들의 부러운 시선에 취해 있을 때만큼은 잠시나마 공허함이 해소되는 듯한 착각에 빠지기 때문이다.

그 후배는 쇼핑 중독 때문에

쇼핑이라면 자다가도 벌떡 일어나는 후배가 있다. 그녀는 가방, 구두, 옷, 귀걸이, 목걸이, 허리띠 등 가격에 상관없이 마음에 드는 물건이 생기면 반드시 사야 직성이 풀리는 성격이었다. 어느 날 그 후배의 집에 놀러갔다가 깜짝 놀랐던 기억이 생생하다. 현관 입구부터 수많은 물건들이 진열되어 있어 마치 작은 백화점이 연상될 정도였다.

직장도 다니지 않는 그 후배는 처음에는 엄마와 언니의 카드를 빌리더니 나중에는 대출까지 받아 물건을 구입하는 통에 가족들은 항상 긴장을 하며 산다고 했다. 그 후배는 이런 쇼핑 중독 때문에 몇 달간 병원에서 상담을 받기도 했다. 하지만 쉽게 고쳐지지 않아 늘 가족과 친구들의 감시 속에서 살고 있다.

며칠 전 그 후배를 우연히 만났는데 몸무게가 엄청나게 불어 있었다. 어찌된 일이냐고 물어보니, 쇼핑 중독에서 벗어나기 위해 카드를 모두 없애서라고 했다. 물건을 구입하지 못하는 데서 오는 스트레스를 풀기 위해 폭식하는 습관이 생긴 것이다.

쇼핑 중독은 사실 몇몇 사치스러운 여자들의 전유물이 아니다. 얼마 전 평소 아이 교육에 유난히 관심이 많아 엄마보다 자주 유치원을 찾아오는 민서 아빠와 잠깐 대화를 나눈 적이 있다.

최근 민서 엄마가 잘 들고 다니지도 않는 명품을 사달라고 조르는가 하면 세일 때가 되면 현금서비스를 받아서라도 꼭 명품 몇 개씩을 사들고 오는 바람에 아내에게 실망이 크다고 했다. 집 장만이 목표인 민서 아빠에게 아내의 이런 변화는 큰 배신감을 안겨준 모양이었다. 대화가 뚝뚝 끊어질 정도로 그의 심신은 이미 지쳐 보였다.

나는 그동안 내가 봐왔던 민서 엄마의 수수한 모습이 생각나 이야기를 듣는 내내 의아하다는 생각만 했다. 그런데 문득 한 달 전쯤 민서 엄마가 했던 이야기가 생각났다.

"선생님, 요즘 왜 이리 마음이 공허한지 모르겠어요. 선생님도 그러신 적 있나요? 저는 요즘 우울증 치료라도 받아야 하는 게 아닐까 싶을 정도로 힘들어요. 민서 아빠는 저에게 관심도 없고 일에만 빠져 살아요. 근데 다른 친구들을 보면 신랑이 정말 잘 해주고 기념일도 챙기면서 행복해 보이거든요. 나만 왜 이렇게 살아야하는지 비교되고 슬퍼져요."

그녀들에게는 참 신기한 공통점이 있다

나는 하고 있는 일의 특성상 다양한 부류의 사람들을 만난다. 특히 강남에서 잘 나간다는 엄마들을 자주 접하곤 한다. 외부 일이 많아 나도 보통 여자들에 비하면 잘 꾸미고 다니는 편인데도, 그녀들을 만날 때면 은근히 주눅이 든다. 머리부터 발끝까지 명품으로 치장한 '강남 아줌마'들의 행색이 너무 고급스럽기 때문이다. 그들 앞에서 한없이 작아지는 나를 발견할 때면 가끔 이유 없이 화가 치밀기도 한다. 아마 여자들이라면 이런 내 심정을 충분히 이해하리라.

그런 그녀들에게는 공통점이 있다. 처음에는 교육문제로 시작했던 대화가 얼마 지나지 않아 자연스럽게 명품 얘기로 넘어간다는 점이다. 심지어 그들이 언급하는 명품 브랜드 중에는 생전 처음 듣는 이름도 부지기수다. 이쯤 되면 나는 대화에 끼기보다는 한 걸음 떨어져서 열심히 경청하는 쪽을 택한다.

이런 일이 잦아지면서, 나는 여자들이 그토록 명품에 집착하는 이유가 궁금해졌다. 그래서 명품에 목을 매는 여자들을 유심히 관찰함으로써 그 이유를 찾아보기로 했다. 알고 보니 그 이유는 생각보다 단순했다. 자신의 모든 것을 내려놓고 희생한 가족, 특히 남편에게서 인정과 사랑을 받지 못한다는 것. 또 하나, 이뤄야 할 꿈이나 목표 같은 것이 없어 마음이 공허하기 때문이었다. 그들은 허전한 마음을 명품으로 해소하면서 대리만족을 하고 있었던 것이다.

마음이 공허한 여자들이 쉽게 빠져드는 것이 알코올 중독, 약물 중독, 강박적인 소비, 습관성 폭식과 과식 등이다.

여자들은 다른 사람이 자기를 원하길 바란다

사람들이 자기를 원하는 느낌을 싫어하는 여자는 없다. 심지어 가장 가까워야 할 동반자에게서 그 느낌을 찾을 수 없다면 자신의 존재에 대해 회의를 가지게 되고, 우울한 마음에 빠져든다. 동반자에게 느끼는 외로움을 다른 대상에게서 찾으려 하는 게 바로 '바람'이다. 바람은 이성이 좋아서가 아니라 외로워서 피운다.

영국의 인터넷 사이트 언더커버 러버스(undercover lovers)는 회원 4000명을 대상으로 설문 조사를 했다. 그 조사 결과에 따르면 바람을 피우는 여자들은 그 상대와 육체적 관계보다는 다정한 감정적인 유대, 정서적 피드백을 원할 가능성이 높다고 보고했다. 바로 만지고 키스하고 다정하게 쓰다듬고 선물을 챙기고 기억되는 것에 더 큰 의미를 둔다는 뜻이다.

한편 여자들은 남자들보다 배우자의 의견으로 스스로를 평가

하는 경향이 강하다고 한다. 여자들은 남자들과 달리 직업보다 자신에게 유의미한 인물이 자신을 어떻게 평가하는지를 중요시한다는 것이다. 따라서 배우자의 의견과 태도가 여자들의 자존감과 안정감을 좌우하므로 배우자의 싸늘한 시선과 외면은 여자를 부정적인 일탈의 길로 이끄는 주원인이라 할 수 있다.

가족, 즉 남편에게 인정과 사랑을 받지 못할 때 여자들은 그 욕구를 충족하려 다른 병적인 방식으로 보상하려고 한다. 내면의 공허감이나 스트레스를 어떻게든 처리해야만 하기 때문이다.

알코올 중독, 약물 중독, 강박적인 소비, 습관성 폭식 등에 빠져 허우적대는 여성들과 면담하고, 이야기를 나눌 때마다 나는 그 여자들의 뒤에 서 있는 남편들의 모습이 자꾸만 떠오른다. 싸늘한 눈초리와 비난이 가득찬 얼굴, 진심이 담긴 걱정이 아니라 상대방을 무기력하게 만드는 시선을 가진 남편들 말이다. 자신의 여자가 고통 속에서 허우적대는 원인이 진실로 남편인 자신에게 있음을 깨닫지 못하고, 아내를 비난하기 바쁘거나 냉정하게 판단해 내는 잘난 남편들 말이다.

06

이 정도면 무관심도
병 수준이다

명절 때마다 자기 집만 챙기는 이기적인 남자, 돈만 벌어다 주면 할 일 다했다고 여기고 나머지는 무관심한 남자, 술을 끼고 사는 남자, 친구라면 사족을 못 쓰고 달려 나가는 남자, 돈 개념 없이 허랑방탕하게 낭비하는 남자, 너무 착해 매번 당하고 내줘 가정은 외려 뒷전인 남자, 아내를 의심하는 남자, 폭력적인 남자, 툭하면 네가 뭘 아느냐고 무시하는 남자……

세상엔 여자들을 힘들게 하거나 한없이 보듬어줘야 할 남자들이 넘쳐난다.

얼마 전 두 명의 학부모가 찾아와 털어 놓은 고민들은 한두 여자들의 문제만은 아닌 것 같아 깊이 공감하면서도 뭐라 답을 내놓기 어려웠다.

배신감은 치유되기 힘들다

"지난 7년 동안 명절 때면 꼬박 며칠씩 시댁에서 밥순이를 자처했는데, 이번에 친정 부모님이 편찮으셔서 한 번만 먼저 친정에 가자고 했더니 어찌나 펄쩍 뛰던지 배신감이 이만저만이 아니에요. 이런 남자를 믿고 산 제가 미쳤죠."

믿었던 만큼 배신감도 큰 것이 여자들 마음이다. 개인의 문제가 아니라 가족과 연결된 것일수록 마음의 상처도 더 심하다.

"남편은 사교적인 사람이에요. 그게 좋아 결혼도 했고요. 그런데 저와는 결혼 직후부터 눈도 잘 마주치지 않아요. 문제가 뭔지 대화를 해보려 해도 이리저리 피하기만 하고요. 그렇게 산 지 5년이 넘어가는데 이게 사는 건지 뭔지 모르겠어요. 저에게 5분의 시간도 주지 않는 남편을 보면 무시받고 사랑받지 못하는 것 같아 너무 괴로워요. 이렇게 산다는 게 무슨 의미가 있을까요?”

하소연을 털어놓는 그녀들의 눈가에는 어느새 촉촉한 이슬이 맺혀 있었다. 나는 그저 묵묵히 그녀들의 얘기를 들어주기만 했다. 경험으로 보아 뭔가 거들어줄 말이 없을 때도 있으니까.

사실 그녀들과 같은 처지에 있는 여자들이 한둘이 아니다. 마음 같아선 이런 스트레스 덩어리들을 안고 사는 여자들에게 소리 높여 한번 외쳐보고 싶은 심정이다. “그만 쿨하게 이혼하고 혼자 살아라”고.

참고 살 만한 문제가 있고, 참고 산 것이 오히려 화가 되는 문제도 있는 법이다. 부부가 한두 해도 아니고 수년간 서로 얼굴도 마주보지 않고 개선할 노력도 하지 않는다면 그건 그냥 ‘너랑 살기 싫다!’라는 뜻으로 봐야 한다. 고질적인 마음의 병으로 가족을 못살게 굴고 치명적인 상처를 주고 있다면, 그 또한 개선의 여지가 별로 없다. 도박이나 여성편력, 폭력 등은 습관의 문제이기도 하다. 이것은 참고 산다고 나아지거나 바뀔 문제가 아니다.

자기 자식 책을 사는 데도 돈을 아끼는 남자

상사들에게는 몇 십 만원이나 하는 양주병을 척척 사 안기고 고급 술집은 내집 드나들듯 하면서도 아들의 학습지값 1만 원에는 치를 떠는 부류의 남자들도 의외로 많다. 어떤 한 부인은 '그럴 돈 없다'는 남편 때문에 금쪽같은 자식들 미술학원 한 번 보내지 못하고 있다. 하루는 자전거를 사달라고 조르는 아이를 데리고 공원에 나가 7천 원을 내고 자전거를 태웠다가 그날 저녁 날벼락을 맞았다고 한다. 이 일로 심하게 싸움을 해 부부는 며칠째 냉전 중이라고 했다.

그런 남자라면 안 봐도 훤하다. 자기 핏줄의 교육비를 아끼는 남자인데 여자에겐 돈 한 푼 제대로 쓰겠는가. 그렇다고 모든 면에 돈을 아끼는 것도 아니고 자신에게는 어쩌면 그리도 관대한가. 이쯤 되면 그 부인이 참고 살아온 세월이 아까워 눈물이 다 날 지경이다.

더 살아야 하나 머릿속이 깜깜합니다

"며칠 전 몸이 아파 밥도 못 먹고 누워 있는데 남편이란 인간이 한번 툭 보더니 아프냐는 말 한 마디 없이 텔레비전 앞에 앉는 거에요. 그러더니 치킨과 맥주를 시켜 껄껄껄 웃으며 텔레비전을 보는데, 정말 서러워서 눈물이 나더라구요. 제가 너무 아파서 병원에 가야겠다고 했더니, '그러라'며 텔레비전에서 눈도 떼지 않는 거에요. 결국 병원도 저 혼자 다녀왔어요. 병원에 다녀왔더니 거실에서 코를 곯면서 자고 있더라고요. 이런 사람과 뭘 위해 더 살아야 하나 싶은 게 머릿속이 깜깜합니다."

사람은 사소한 것에 서운한 법이다. 그날따라 남편의 기분이 엉망이었다거나 아내가 얼마나 아픈지 잘 몰랐다 하더라도 이 남자의 소행은 너무 괘씸하다. 이쯤 되면 무관심도 병 수준이다. 어떤 여자가 이런 남자랑 같이 살맛이 나겠는가.

"결혼 초기부터 남편은 컴퓨터 게임이나 책을 보면서 자기 방에서 시간을 보내길 즐겼어요. 날을 샌 적도 많고요. 성인이니 자기 공간과 시간이 필요하다 싶어 이해하려고 노력했고 그럭저럭 지냈습니다. 하지만 그것도 정도가 있지 결혼 10년이 지나도록 저와 함께 잔 게 스무 번도 안 된다면 믿어지세요? 너무 외롭지만 내색도 할 수 없어요. 밝힌다는 소릴 들을까 봐 겁나기도 하고, 사실 남편이 도박을 하거나 바람을 피우는 것도 아니잖

아요. 성품도 착한 편인데 문제는 말이 없고, 퇴근하면 자기 방
에 들어가 나오질 않는다는 거에요. 몇 번 울기도 하고 싸우기도
했고 포기도 해봤지만 남편의 사랑을 받지 못하는 제가 너무 한
심하고 슬퍼요. 저도 이제 사랑받고 싶어요."

사랑받고 싶지 않은 여자가 세상에 어디에 있겠는가.
이럴 때 아내들은 마음 속으로 묻게 된다. 수십 번, 수백 번
묻게 된다.
이 남자와 남은 인생을 살면 나는 어떨 것 같은지. 지금 행복한
지, 행복까지는 아니더라도 편안한지, 큰 문제는 없는지. 아니면
날마다 해소되지 않는 어떤 감정과 싸우느라 심신이 너덜너덜 지
쳐가는지, 서로가 사랑하고 있는지, 무엇보다 이 생활을 계속 하
는 것이 누구를 위한 삶인지 묻지 않을 수 없다.

07

여자의 인생은
결혼 후부터라는 말은 진짜다

'여자는 모름지기 남자를 잘 만나야 한다'는 말이 있다. 결혼 전에는 그 말이 무엇을 뜻하는지 잘 알지 못했다. 아니, 알려고도 하지 않았다. 결혼은 그저 나이가 차면 당연히 해야 하는 통과의례 정도로 여겼기 때문이다. 사실 그보다는 나만큼은 분명 깨가 쏟아지는 결혼생활을 하게 되리라는 무모한 생각이 더 컸을 것이다.

지금 생각해 보면 나 역시 대부분의 여자들과 마찬가지로 어떤 남자를 만나더라도 내조의 여왕이 되어 남편을 성공시키고 행복한 결혼 생활을 해나갈 수 있다고 믿었다.

　그러나 살면서 이런 생각은 철저한 '착각'이었다는 것을 깨닫곤 한다. 다른 환경에서 성장해 생각, 기질, 성격, 인생철학이 다른 남편을 바꾸는 일은 돌을 황금으로 바꾸는 것과 다를 바 없다는 것을.

　흔히 결혼을 '뒤웅박'에 비유하곤 하는데, 그 이유가 참 재밌다. 뒤웅박은 입구가 좁아서 그 안에 뭔가를 집어넣으면 좀처럼 꺼내기가 쉽지 않다. 뒤늦게 그 물건을 꺼낸다고 무리하게 애쓰다 보면 박을 깨버리는 경우도 생긴다는 것이다. 이 얘기를 듣고 나니 '여자 팔자 뒤웅박 팔자'라는 말이 어찌나 와 닿든지.

정말 남자를 잘 만나면 행복할까?

　지인 중에 H라는 후배가 있다. 그녀는 평소 주변 친구들보다 학벌이 처진다는 열등감이 컸다. 하지만 그 열등감만큼이나 더욱 치열하게 살았고 욕심도 숨기지 않았다. 그녀에게는 한 가지, 남들과는 다른 확고한 목표가 있었다. 보통 사람들이 꿈꾸는 '대기업에 입사하기', '3년 안에 목돈 모으기', '현모양처 되기' 등과 같은 흔한 것이 아니었다. 학창시절부터 자기주장이 강했던 그녀가 그토록 몰두한 목표는 '잘난 남자와 결혼하는 것'이었다. 물론 잘난 남자의 기준에는 '경제적 능력'이 최우선이었다.

친구들은 대놓고 비웃지는 않았지만, 그녀를 일종의 '속물'처럼 여겼다. 그러면서도 모두들 과연 그녀가 어떤 남자와 결혼할지 궁금해하는 기색이 역력했다.

정작 H는 주변의 반응에 별로 신경 쓰지 않았다. 다만 그녀가 원하는 이상형을 찾기 위해 많은 남자들을 만났고, 마침내 다정다감한 성격에 경제적 능력까지 갖춘 사업가 남편을 만났다. 이후 그녀는 부족함 없는 환경에서 아이들을 키우고 가정적인 남편과 시댁 식구들에게 넘치는 사랑까지 받았다.

'시월드'의 덫마저 피해 완벽한 '사모님'으로 살고 있는 H를 보며 친구들은 부러움과 질시의 시선을 동시에 보냈다. 그녀야말로 친구들에게 '여자는 남자를 잘 만나야 한다'라는 진리를 입증해준 증인이기 때문이다.

하지만 그녀의 삶은 30대 후반을 맞으며 급격하게 흔들렸다. 그녀의 아이들은 나무랄 데 없이 자란 소위 '엄친아'였다. 남편은 여전히 아내와 처가의 선물을 챙길 만큼 자상했다. 하지만 그녀는 갈수록 시들해졌다. 나는 그 이유가 궁금해졌다.

"뭐가 문제인지 모르겠어요. 사실 남들에 비하면 저는 복 받은 생활이거든요. 남편도, 아이도, 시댁도 아무 문제가 없어요. 무엇보다 금전적으로 넉넉하니까 사는 데 불편함도 없고요. 그런데 저는 별로 행복하지가 않아요. 친구들한테 이런 얘기를 하면 처음엔 '복에 겨워 그렇다'고 하다가 나중엔 저랑 연락을 끊어 버려요. 제 투정을 들어주기 싫은 거죠. 근데 문제는…… 저도 저 자신이 이해가 안 된다는 거예요. 요즘은 남편과 아이들까지 제 눈치를 살피는데, 막상 제 고민을 들어줄 사람은 아무도 없어요."

여자들이 흔히 하는 착각이 있다

미혼일 때 제 아무리 잘 나가던 여자도 결혼을 삐끗 잘못하면 돌이킬 수 없이 망가진다. 나는 실제로 결혼 전에 주변의 시샘을 한 몸에 받을 만큼 빛나던 여자들이 결혼 후에 거짓말처럼 망가지는 모습을 적잖이 지켜봤다. 물론 그녀들 역시 한 남자의 아내가 되었다는 이유만으로 자신의 미래가 그렇게 달라질 거라곤 상상도 하지 못했을 것이다.

하지만 여자의 인생은 결혼 후부터가 진짜라는 그 말은 중요한 의미 하나가 더 있다. '어떤 남자와 결혼하여 사느냐'는 여자 인생에서 더할 나위 없이 중요한 문제이지만, 그조차도 여자의 행복을 절대적으로 보장할 수 없다는 점이다. 내 후배 H처럼 남편 잘 만난 여자도 남모를 시름에 아파하는 것이 결혼의 본모습이기 때문이다.

대부분의 여자들이 흔히 하는 착각이 있다. 남편이 성공하고 아이들이 잘 자라면 자신도 덩달아 행복해질 것이라는 착각이 그것이다. 물론 10년 정도는 그럴 수 있다. 승승장구하는 남편과 속 썩일 데 없이 자라주는 아이들을 보면 아침저녁으로 별미를 만들어 바치면서 자신의 내조실력에 감탄하는가 하면, 여러 학부모 모임에 부지런히 나가 입시 정보에 귀 기울이다 보면 자신이 꽤 괜찮은 엄마라는 뿌듯함도 느껴질 것이다.

무엇보다 자신의 이런 희생과 정성에 힘입어 안정적이고 행복한 가정이 유지됐다는 결론에 이르면, 급기야는 '아, 내 삶의 이유가 바로 이거구나!'라는 심각한 자기도취에 빠지게 되는 것이다.

하지만, 어느 날 속절없이, 이유도 알 수 없는 허전함과 배신감이 찾아온다면? 어제까지 자신의 존재 이유를 찾던 가족들이 남처럼 느껴진다면? 모든 것이 철저히 나의 희생을 딛고 선 허울뿐인 행복처럼 여겨진다면?

여자라면 이런 때를 대비해 스스로에게 해줄 대답 하나쯤은 준비해 됐는지 반드시 짚어봐야 한다.

"아, 나는 무엇을 위해 살아왔는가."

여자로 살아가다 보면 누구나 한 번은 근본적인 물음과 맞서게 되어 있다. 하루 종일 주방과 거실을 오가며 종종거리는 평범한 주부든, 직장에서 고속 승진을 거듭한 워킹 우먼이든, 아이들 교육에 목숨 건 극성 부모든 이 물음에서 자유로울 수 있는 사람은 아무도 없다.

연애는 감정만으로도 얼마든지 가능하지만
결혼은 준엄한 현실이다.

Story_2

사느라

잊고 지낸

'나'를 찾아서

행복은

생각보다

우리 가까이에 있다

다시 내 삶을
살기 위하여
– 만자레, 칸타레, 아모레!

몇 년 전 화창한 봄날이었다. 지치고 피곤한 어느 날 가만히 거울을 들여다 보다가 깜짝 놀라고 말았다. 윤기를 잃어가는 머리카락, 푸석한 피부, 총기가 사라진 눈, 구부정하게 휜 등, 눈에 띌 정도로 나온 아랫배, 아래로 축 처진 입가와 점점 선명해지는 주름살.

'대체 거울 속의 저 여자는 누구지?'

거울 속의 그녀는 내가 '알던' 내가 아니었다. 아니 정확하게 말하면 내가 '생각하던' 내가 아니었다. 무엇보다 충격이었던 것은 무표정한 얼굴이었다. 얼핏 보면 화가 난 것 같기도 했다. 순식간에 서글픔이 밀려왔다. 무릎에서 힘이 빠져나가 몸이 앞으로 휘청거렸다. 내가 이젠 더 이상 젊지도 않고, 예쁘지는 더더욱 않다는 것을 처음으로 생생하게 직면한 날이었다.

눈부시게 맑은 햇살이 쏟아지는 봄날이었는데 약속을 취소하고 하루 종일 방안에 틀어박혀 우울함에 몸져누웠다. 물 먹은 솜처럼 몸이 축 늘어져 무엇을 하고 싶은 의지도, 욕구도 생기지 않았다.

지금 내 모습이 가장 아름답다

그즈음 오랜만에 동창회에서 친구들과 만나 이런저런 얘기를 하다 보니 비슷한 푸념이 쏟아졌다. 에피소드는 조금씩 달랐지만 '어쨌든 늙는 건 서글프다'는 것이 이야기의 요지였다. 그런데 내내 가만히 듣기만 하던 한 친구가 깔깔깔 웃으며 말했다.

"젊음 자체가 무기였던 시절도 있었지. 하지만 나이 들어서 좋은 점도 많잖아? 난 이제 사람들의 시선에서 자유로워져서 지금이 너무 좋아. 인생이 뭔지 알 것 같은 이 느낌도 좋고, 젊을 때처럼 감정기복이 심하지 않은 것도, 웬만한 일은 척척 해결하는 나도 대견스러워. 젊을 때 우린 예뻤을지 모르지만 너무 미숙했어.”

친구의 말이 신선했다. 젊음이 곧 아름다움이라고만 생각했는데 비로소 눈꺼풀이 하나 벗겨지는 느낌이었다. 친구를 다시 바라보니 확실히 그녀에게선 자신만의 ‘아우라’ 같은 게 느껴졌다. 여유를 가진 자에게서 풍기는 은은함이랄까.

그 친구에겐 미안한 얘기지만 20년 가까이 그 친구를 보면서 나는 한 번도 그녀가 미인이라고는 생각하지 않았다. 하지만 분명 그날 본 친구에게는 특별한 아름다움이 있었다.

“사실 나도 얼마 전까지 젊다는 말을 들으려고 온갖 짓을 다 했어. 젊은애들 용어도 배워보고, 아이돌도 공부하고, 옷도 젊게 입고 말야. 그런데 하루는 딸애가 신경질을 내면서 자기 티셔츠 그만 입으라는 거야. 엄마한테 어울리지 않는다면서. 그때 갑자기 그런 생각이 들더라고. ‘내가 누구지?’ 젊어 보인다는 건 더 이상 젊지 않다는 뜻이잖아. 그런데 그걸 억지로 돌려 놓으려 했던 내가 갑자기 부끄러워지는 거 있지. 나는 그후로 생각을 완전히 바꿨다. 지금 이 상태에서 가장 아름다운 사람이 되자고.”

친구의 말에 웃음꽃이 피었다. 다들 고개를 끄덕였다. "너 요즘 참 괜찮아, 얘."하는 소리들이 여기저기서 들렸다.

그날 밤, 집으로 돌아와 다시 거울을 보았다. 거울 속의 나는 여전히 젊지는 않았다. 하지만 내 얼굴과 몸엔 나만이 겪어온 내 인생이 고스란히 담겨 있었다. 내세울 만큼 화려하지 않았지만 부끄럽지도 않은 삶이었다. 오히려 조금은 자랑스러워해도 괜찮은 삶이었다. 너그러운 마음으로 나를 대하자 환한 미소가 다시 피어났다.

오늘 행복하지 않으면 영원히 행복할 수 없다

세상에서 가장 낙천적인 사람들로 꼽히는 이탈리아 사람들은 3가지 삶의 모토를 즐기며 산다.

'만자레(mangiare)! 칸타레(cantare)! 아모레(amore)!'

먹고, 노래하고, 사랑하라는 뜻이다. 음식문화가 발달하고 음악의 천국이며 정열적인 사랑을 나누는 이탈리아인들을 생각하면 '과연, 그렇구나!'라고 고개가 끄덕여진다. 인생의 3대 즐거움으로 이만한 게 또 있을까 싶다.

최근에 〈베스트 엑조틱 메리골드 호텔〉이라는 영화를 봤다. 다양한 이유로 인도를 찾은 일곱 노인의 좌충우돌을 담은 영화다. 지친 상태에서 쉴 공간을 간절히 찾던 기대와 달리 엉망진창 현실이 펼쳐지는 현장에서 그들은 역전 노장들답게 각자의 방식으로 새로운 환경에 적응한다. 그리고 인도 특유의 '긍정의 힘'은 그들을 수용하고 품어준다. 영화는 보는 내내 관객을 자연스럽게 치유해준다. 그리고 앞으로 웬만한 일이 닥쳐도 이렇게 말할 수 있을 것만 같은 긍정 에너지를 선물한다.

"노 프라블럼(No problem)!"

사실 문제는 없다. 문제라고 생각하는 내 생각이 문제일 뿐. 돌아보면 내 인생은 언제나 심각했다. 자신의 삶을 성찰하는 진지함은 나쁠 것이 없지만 그 정도가 지나치면 그것은 병이다.

요즘 나는 왜 좀 더 즐겁게, 가볍게 살지 못했을까 하는 후회를 많이 한다. 한번 사는 인생인데 뭐 그리 심각하고 아등바등했을까 생각될 때도 많다. 하지만 바꿔 생각하면 지금부터라도 그렇게 살지 않으면 된다는 희망적인 깨우침이기도 하다.

나는 요즘 '노 프라블럼'이라는 말을 자주 한다. 정말 아무 문제 없다. 별일 없다.

이탈리아 사람들이라고 우리와 뭐가 그리 다르겠는가. 우리
도 그들처럼 먹고, 노래하고, 사랑에 빠질 수 있다. 지금이 내 인
생에서 누릴 수 있는 가장 소중한 시간이라고 생각만 조금 바꾸
면 말이다. 내일 누릴 행복은 없다. 오늘 느끼는 행복이 전부라
는 생각으로 행복해해야 한다.

내가 나를 망치는 것보다 무서운 일은 없다. 단 한 번뿐인 인
생, 누구나 초보인 인생, 조금 실수하고 넘어진다고 세상이 끝장
나는 것도 아니다. 일단 저지르고 도전하고 시작해 보자. 늘 다니
던 길에서 벗어나 다른 길을 걸어보고, 안 타던 버스에도 올라보
고, 친구와 훌쩍 둘만의 여행을 떠나거나 평생 못 사입을 것 같은
비싼 옷도 한번 사보자. 말을 걸고 싶은 이성을 만났다면 주저하
지 말고 말을 걸어보라. 말 좀 걸었다고 불륜도 아니며 그가 불쑥
사귀자고 덤비지도 않는다. 그저 소박한 감정의 일탈로 끝날 확
률이 거의 백퍼센트이다.

나를 위해 사는 인생이다. 나에게 봄을 선물하자. 화사한 햇
살이 가득 내려쬐는 앞마당을 내 마음에게 선물해보자. 그리고
무엇보다 지금 이 순간 내게 찾아온 봄을 마음껏 누리자. 오늘은
내가 가장 아름다운 날, 내 생애 최고의 봄날이다.

힘들고 버거워도
내 인생이니까

이 시대의 40대들은 아프지 않은 이가 없다. 사회적으로나 가정적으로 치여 몸과 마음이 생채기 투성이다. 누구나 할 것 없이 아프지만 마땅히 기댈 곳이 없다. 그러니 '아프다'고 내색할 수도 없다. 아프다고 말하는 순간 '너만 아프냐, 나도 아프다'라는 말이 부메랑처럼 되돌아올 것이기 때문이다.

그래서 다들 고통을 말없이 견디며 숨죽이고 사는 게 아닐까. 한 번 울음이 터지면 걷잡을 수 없이 무너질 것만 같아 두려워서 애써 웃고 있는 사람들처럼.

지난 시절이 자꾸 떠오르는 나이

마흔이 넘으면서 나는 부쩍 지난 어린 시절을 자주 떠올리곤 한다. 나는, 지금은 휘황찬란한 쇼핑가로 탈바꿈한 미아리에서 어린 시절을 보냈다. 다섯 살인가 여섯 살까지 그곳에서 자랐는데 아주 복잡한 골목 한쪽에 있던 우리 집은 너무나 혼잡하고 초라해 뭘 하는 곳인지도 헛갈릴 정도였다. 어렴풋이 떡집을 했다는 기억밖에 없다.

몇 해가 지나 가족들이 수유리로 이사를 하면서 아버지는 동대문시장에서 실과 천을 판매하기 시작했고 어머니는 양을 키우며 밭일을 하셨다. 하지만 초등학교 3학년 때 갑자기 아버지가 하시던 사업이 부도를 맞으면서 점점 살림이 기울기 시작했다.

갑자기 집안이 어려워지자 나는 매일 어머니가 짜주신 양우유를 들고 나가 재래시장에 배달을 해야 했다. 당시 초등학교 4학년이던 나는 비가 오나 눈이 오나 새벽 4시가 되면 하루도 빠짐없이 병에 담은 무거운 우유를 들고 깜깜한 재래시장의 골목골목을 누비며 우유를 배달했다. 상점에는 가끔 빨간 조명등이

켜져 있기도 했는데, 그 불빛을 볼 때마다 가슴 가득하던 두려움이 사라지곤 했다.

그때는 먹을 것도 변변치 않아 매일 밀가루 음식으로 끼니를 때워야 했다. 학교에서 내라는 육성회비도 제때 내지 못해 미룰 대로 미루다가 결국 선생님과 눈이 마주치는 것이 두려워 피해 다녔던 기억도 한두 번이 아니다. 눈이라도 마주치면 무슨 큰 죄라도 지은 사람인 양 마음이 얼마나 옥죄어들던지.

그렇게 지내다가 중학교 1학년 때 결국 아버지의 사업이 더 큰 부도를 맞으면서 우리집은 감당할 수 없는 빚더미에 올라 앉았다. 부모님은 곧 집을 떠나시게 됐고 2~3평 되는 남의 가게 옆 처마밑에서 떡장사를 시작하셨다. 나는 어린 나이에도 매주 주말과 휴일 새벽마다 맞춤떡을 만드는 일을 도와드려야 했다. 늘 일손이 모자라는 부모님을 돕다 보니 나중에는 한 말이나 되는 주문떡을 거뜬히 머리에 이고 배달까지 했다.

늘 바빴던 부모님을 대신해 반찬과 밥을 지어 동생들과 내 도시락을 싸는 일도 내 몫이었다. 새벽 일찍 일어나 동생들을 챙겨 학교에 보내고 따뜻한 물도 나오지 않는 수돗가에서 밀린 빨래를 하느라 밤샘까지 했던 날도 꽤 많았다.

하지만 그 시절 가장 힘들었던 것은 밤마다 빚쟁이들이 찾아와 멱살을 잡고 부모님 계신 곳을 알려달라고 협박을 했던 일이다. 지독한 두려움으로 몇 년을 시달리면서도 나는 담담이 학교를 다니며 개근상을 놓치지 않았다.

부모님은 하루도 쉬지 않고 열심히 일을 했지만 떡을 판 돈은 빚을 갚는 데 거의 다 들어갔다. 부모님의 고생은 나아지지 않았지만 빚을 갚는 데만도 10년이 넘게 걸렸던 것으로 기억한다.

고등학교를 졸업할 때, 대학을 가고 싶다고 울고 또 울었다. 나는 어떻게든 좋은 대학에 가고 싶었다. 어려운 형편을 알면서도 공부에 대한 집념만은 내려놓지 못해 어머니 속을 참으로 오래, 많이 썩였다. 자식 이기는 부모 없다고, 결국 어머니를 설득한 끝에 전문대학에 입학할 수 있었다. 그때 집안 형편으로는 대학에 갔다는 것 자체가 참으로 감사한 일이었다. 지금 돌아보면 그때 무턱대고 울며 매달리는 딸을 바라보는 어머니의 심정이 어떠했을지 참, 생각만으로도 마음이 아프고 죄송스럽다.

당시 어렵긴 했지만 나는 운이 좋았다. 대학을 졸업하고 바로 효성중공업 기술연구소에 입사하여 5년 가까이를 다녔다. 좋은 대학을 나온 사람들에게 뒤지지 않기 위해 수유리에서 영등포까지 하루도 지각이나 결근 없이 다니며 참으로 열심히 노력하고 배우려 뛰어다녔던 시절이었다.

부모님 소개로 남편을 만나 결혼을 하고 얼마 지나지 않아 학원을 개원했다. 그 사이 두 아들이 태어났는데 두 아이를 키우며 살림하랴, 직접 학생들을 가르치랴 참으로 바쁘고 힘든 시절을 보냈다. 10월 중순에 막내 아들을 낳고 하루 만에 병원에서 퇴원하고 한 달 후 출근을 했다. 이렇게 학원을 열고 3~4년 동안은 교사들 월급을 주지 못해 3년간 새벽 3시에 일어나 공공 화장실 청소를 하러 다녔다. 새벽에 화장실에서 변기를 닦다 보면 처음에는 문소리에도 덜컥덜컥 겁이 났다. 또 그때는 젊었던지라 간혹 사람들과 마주칠 때면 창피함에 얼굴이 붉어지곤 했다. 하지만 그러한 창피함보다 당장 이번 달 선생님들에게 월급을 주지 못하면 어쩌나 하는 두려움이 더 컸다.

처음에는 막막하기만 했던 학원 운영은 그렇게 조금씩 자리를 잡아가기 시작했다. 아이들에 대한 열정은 새록새록 커져 갔고, 하루하루 치열하게 살아갈수록 배움에 대한 열망도 깊어 갔다. 특히 아이들을 가르치는 교육을 업으로 하다 보니 늦기 전에 유아교육을 더 전문적으로 공부해야겠다는 생각이 강하게 들었다.

그래서 나는 낮에는 학원에서 일하고 야간대학에 입학해 다시 학생이 되었다.

어린 두 아이들을 집에 두고, 학원이 끝나기 무섭게 학교로 달려가 공부를 하고 돌아오면 엄마를 기다리던 두 아이들이 전철역까지 나와 기다리곤 했다.

한 겨울 맨발에 슬리퍼를 신고 추위에 떨며 기다리던 아이들을 보면 '이게 무슨 짓인가' 싶어 가슴으로 눈물을 삼켜야 할 때가 한두 번이 아니었다.

"집에서 기다리지 왜 나와 있어?" 하면 "너무 무섭고 엄마가 보고 싶어서"라고 말하며 환한 미소를 날려주던 아이들. 그때 아이들의 나이가 고작 세 살과 여덟 살이었다. 바쁜 엄마 때문에 너무 일찍부터 철이 든 아이들을 생각하면 지금도 가슴 한쪽이 저려온다.

학비가 부족해 중간에 휴학을 해야 했지만, 2년 뒤 나는 결국 졸업장과 함께 유치원 2급 정교사 자격증을 손에 쥐었다. 그리고 40대 후반의 나이에 경희대학교 교육대학원 유아교육과 석사과정을 다녔다.

지금 생각해보면 젊을 적 배우고 싶었던 강렬한 열망과 갈증이 마음 깊은 곳에 고스란히 쌓여 있었던 것 같다. 배움이라는 게 참 신기하다. 배울수록 신이 나고 재미도 있으니 말이다.

나는 내친김에 한양대학교 일반대학원 교육학과에 입학해 좋은 성적으로 수료했다. 박사과정을 수료한 뒤, 서울대학교 국제대학원 GLP과정, EBS MBA과정, 이화여자대학교 최고명강사 과정을 수료했다. 그리고 지금은 이화여대 최고명강사 심화과정을 다니고 있다.

내 어머니에 비하면 아무것도 아니지만 내 몸과 마음에는 힘든 시간을 버텨내면서 얻은 생채기들로 가득하다. 하지만 그 생채기들이 부끄럽지 않고 오히려 고마운 이유는 내가 원하는 인생을 살기 위해 치열하게 산 증거이기 때문이다.

마음이 급격히 공허해지다

그런데 참 이상한 일이 나에게 일어났다. 생활이 안정되고 평안해지자 마음이 급격하게 공허해지기 시작했다. 열정 하나만큼은 자신 있던 내가 인생에서 어떤 재미나 즐거움도 느낄 수 없었다. 그동안은 분명 내가 일을 사랑한다고 믿었는데, 언젠가부터 그저 해야 하는 일이니까 해내야 한다는 의무처럼 느껴졌다. 당연히 마음이 즐겁거나 행복할 리도 없었다.

그동안은 어려움을 이겨온 나 자신이 대견하고 자랑스러웠는데, 어느 순간 주변사람들에게 화가 나기 시작했다. 왜 나만 이렇게 힘들게 살아왔을까, 왜 나는 늘 희생하며 살아야 하는 건가 하는 억울함이 치밀어 오르기도 했다.

이즈음에 대학 동창들에게 자주 연락이 오기 시작했다. 30대까지는 아이 키우고 자리를 잡느라 좀처럼 만나기 힘들었던 친구들도 이제는 제법 여유가 생긴 모양이었다. 하지만 성공한 친구들이 있으면 반대로 상황이 좋지 않은 친구들도 있기 마련이다. 결국 어렵게 마련된 동창회 모임은 몇 번은 즐겁게 유지되더니 횟수가 잦아질수록 점점 편이 갈리게 됐다. 경제력의 차이가 심해진 친구들의 우정은 점점 약해지기 시작했다.

외로운 중년 여자들이 오랜만에 동창회에 나갔다가 괜히 마음만 다치고 돌아오는 일은 사실 허다하다. 소위 '잘나가는' 친구들이 자신의 부를 과시하느라 '주식이 어떻고, 부동산이 어떻고' 하면서 해외여행이나 골프 이야기를 쏟아내면 왠지 초라해지는 기분이다. 그러다 문득 자신은 이 자리에 어울리지 않는다는 생각에 '바쁘다'는 핑계로 도망치듯 모임에서 빠져 나온다.

혼자서 거리를 걷다 보면 '내가 왜 이렇게 됐을까?'하는 생각에 걷잡을 수 없이 초라해지거나 우울해지는 것이다.

어느 순간 와락 울고 싶어지는 때가 마흔이다. 특히 이른 갱년기가 시작되는 마흔의 여자들에게는 얼굴이 붉게 달아오르는 안면홍조, 자신도 모르게 오줌을 지리는 요실금, 빈 둥지에 나 홀로 남은 것만 같은 우울증이 나타나기 시작한다.

나를 비롯해 마흔을 살고 있는 여자들은 숫자 '40'을 떠올리면 마음이 우울해진다. '무언가를 다시 시작하기에는 너무 늦어버렸다'라는 생각부터 들기 때문이다. 그러면서 자신의 청춘이 날아가 버렸다고 억울해한다.

이렇게 신체적, 심리적으로 힘든 변화를 겪는 와중에 내 꼴이 너무나 한심하게 느껴진다면? 그야말로 '죽고 싶다'는 말로도 부족할 만큼 깊은 절망을 느끼게 되는 것이다.

길 가는 내 또래의 여자들을 붙잡고 '당신도 나처럼 힘들고 고통스럽냐?', '우리는 왜 이렇게 힘들어해야 하느냐?'면서 울부짖고 싶어진다. 그래서 마흔을 살아가는 여자들은 저마다 가슴속에 '눈물주머니'를 가지고 있다. 하지만 왜 눈물을 흘리며 아파하는지 근본적인 이유를 아는 사람은 드물다.

하지만 돌이켜보면 그 누구도 나와 당신의 청춘을 훔쳐가지 않았다. 오히려 우리가 치열하게 살아온 결과이지 않을까. 20년 혹은 30년 전으로 돌아가, 다시 20대가 된다고 하더라도 나는 20년 전의 나와 다르지 않은 선택을 하리라 생각한다. 만약 다시 결혼 전으로 돌아가 남편을 선택한다면, 다시 아이들을 낳아 기른다면 달라지지 않았을까 후회도 해보지만 20년 전의 선택 또한 매 순간순간을 치열하게 고민하며 살아낸 결과이지 않을까 싶다. 지금은 그 순간순간의 절실함을 까맣게 잊고 있지만 말이다.

과거가 나의 선택이었음을 인정해야 다시 새로운 선택을 할 힘이 생긴다. 그러니 제발 미리부터 겁먹고 좌절하지 않기를 바란다. 마흔은 충분히 새로운 무언가를 원할 수 있고, 또 해낼 수 있는 나이다. 나이에 대한 고정관념이 바뀌면 마음가짐도 긍정적으로 변한다. '마흔이나 먹었는데'가 아닌 '이제 마흔인데'로.

우리를 우울하게 만드는 것은 다름 아닌 자기 자신일 때도 많다. 다른 사람들과 자신을 비교하며 스스로를 괴롭히는 것이다. 그 결과 사실 여부와 관계없이 스스로를 불행한 사람으로 여기게 된다. 다음은 가난한 달동네에 살던 어떤 부부의 이야기이다.

부부는 단칸방에서 아이들과 복작대며 살았지만 행복했다. 열심히 노력해서 아이들 방을 따로 만들어 줄 수 있는 집으로 이사를 가겠다는 꿈이 있었고, 서로의 체온을 나누며 추운 겨울밤을 보내는 가족 간의 애틋함이 있었기 때문이다. 세월이 흘러, 드디어 부부는 방 2개짜리 아파트로 이사를 하게 되었지만 오히려 그때부터 그들의 삶은 뭔가 삐딱하게 어긋나기 시작한다. 같은 아파트에 사는 사람들과 자꾸 비교를 하게 된 것이다. 잘 사는 이웃사람들을 부러워하던 부부는 자신들이 결혼을 애초부터 잘못했다는 생각에 서로를 원망했고 부부싸움도 잦아졌다. 그러던 어느 날, 결혼기념일이 돌아오자 남편은 아내를 예전에 살던 달동네 집으로 데려갔다. 그리고 그곳에서 그들이 어떻게 살았는지 그때 얼마나 행복했었는지를 상기시켜 주었다. 아내는 남편의 품안에서 한참이나 소리 내며 울었다고 한다.

때로 사는 것이 아프고, 힘들고, 외롭고, 억울해서 나도 모르게 울고 싶을 때가 있다. 하지만 다른 사람들 역시 나와 별반 다르지 않다는 것을 기억해야 한다. 그러면서 내 안에 있는 '나'라는 여린 아이를 보듬어주고, 위로하고, 용기를 줘야 한다.

왜? 힘들고 버거워도 내 인생이니까.

지금껏 보잘 것 없고 보여줄 것 없는 인생을 살았다면 그것으로 충분하다. 이제라도 내 마음에 드는 삶을 살고 싶다면 자기 인생을 귀하게 여기는 연습부터 해야 한다.

잊지 말자, 나의 가장 큰 응원군은 바로 나 자신임을. 그리고 진짜 인생은 마흔부터 시작된다는 것을.

03

행복은 생각보다 가까이 있다

며칠 전 강남의 한 단체에서 '행복'에 관한 주제로 특강을 진행했다. 질의응답을 마치고 강연장을 나서려고 할 때 30대 후반의 한 여성이 다가와 상담을 요청했다. 다음 일정 때문에 거절해야 하는 상황이었지만 수심이 가득한 얼굴을 보고 차마 모른 체할 수가 없었다. 잠깐 커피숍으로 이동해 얘기를 시작하는데 상담요청을 할 때와는 달리 말을 꺼내지 못하고 주저하는 기색이 역력했다.

“편하게 말씀해보세요. 무슨 고민이 있으신 거에요?”

“선생님, 저는 제가 세상에서 가장 불행하다는 생각이 듭니다. 맛있는 음식을 먹어도 맛을 느낄 수 없고, 무엇을 해도, 누굴 만나도 불행하다는 생각밖에 들지 않아요…….”

이렇게 시작된 그녀의 고민상담은 30분 정도 더 이어졌다. 그녀는 남들보다 잘 되고 싶고, 성공하고 싶은 욕심이 무척 커 보였다. 하지만 지금 자신의 위치와 처지는 그것에 훨씬 미치지 못했다.

“남들보다 몇 배는 더 열심히 일했고, 제 개인적인 생활도 다 포기하고 살았어요. 하지만 성공은커녕 지금도 숨이 차고 쓰러질 것만 같아요. 하루에도 몇 번씩 인생이 이대로 끝날 것만 같다는 좌절감에서 헤어나질 못하겠어요.”

나는 차분하게, ‘남들보다 잘 되고 성공하는 것도 좋지만 행복을 느낄 수 없다면 모든 것이 무슨 소용있겠냐’고 물었다. 그리고 지금부터라도 성공에 대한 집착을 내려놓고 여유를 가져보라고 조언했다.

“제 경험으로 보면 여유는 마라토너에게 물스펀지 같은 거에요. 그것이 없다면 제아무리 빨리 달리는 마라토너도 완주 전에 탈진을 하고 말잖아요. 하물며 마라톤이 그럴진대 몇십 년이나 되는 인생에서 쉼표 없이 1등으로 완주하기란 불가능하지 않겠습니까.”

이후에 우리는 이런저런 여유로운 삶에 대한 이야기를 더 나누었다. 나는 그녀가 행복을 느꼈던 기억을 되살려내기 위해, 무엇을 할 때 행복했는지를 집중적으로 물었다. 다음 일정 때문에 일어서려는 내게 그녀가 들릴락말락한 목소리로 말했다.

“그러니까…… 행복은 제가 생각하는 것보다 훨씬 더 가까이에 있었던 거군요.”

서둘러 약속 장소로 향하면서도 그녀가 했던 마지막 말이 내 마음에도 한동안 깊은 울림으로 남아 있었다.

행복은 사소한 곳에 숨어 있다

행복이란 대체 뭘까? 그 구체적인 정체가 있기나 한 걸까? BBC의 다큐멘터리 〈행복〉을 보면 행복의 요소를 '감각적 경험에 따른 쾌락, 불쾌감(고통, 불안)의 부재, 그리고 인생에 대한 만

족감'이라고 설명하고 있다. 이에 따르면 행복의 요소들을 충족
하려면 행복 호르몬 중 하나라도 빠져서는 안 된다. 여러 개가
모두 함께 작용해야 진정한 행복에 이를 수 있다는 것이다.

하지만 이 다큐멘터리를 보면서 나는 대체 그게 가능한 일일
까 하는 의문을 지울 수 없었다. 모든 것이 충족된 행복이 과연
우리 현실에서 가능할까? 그것보다는 오히려 상대적 만족감, 작
은 것들이 주는 소소한 기쁨을 행복으로 여기는 것이 훨씬 현실
적이지 않을까. 사실 불행과 행복은 엄청난 차이가 있지만 마음
을 살짝 고쳐먹는 것만으로도 지옥과 천당을 바꿀 수 있기 때문
이다.

사는 것이 지긋지긋했던 적이 있었다. 갚을 빚도 많고, 할일은
태산이고, 미래도 보이지 않고 재미도 없었다. 머리를 푹 처박고
하루하루를 어떻게 보낼까 고민하던 시기였다. 차라리 내일 눈이
떠지지 말았으면 하는 생각까지 했으니 무력감이 어느 정도였는
지 짐작할 수 있을 것이다.

그러던 중 가까운 친구가 갑작스레 교통사고로 세상을 떠났다
는 소식을 접하면서 내 인생은 극적인 반전을 맞았다. 불현듯 내
일 당장 죽을지도 모르고 아무리 오래 살아봤자 백 년인데, 이왕

사는 거 하루하루 즐겁게 살아야 하지 않을까? 라는 생각이 들었다. 그때부터 나는 부정적인 생각을 의식적으로 비워내고 좋은 생각들로 채우려고 노력했다.

그러자 정말 작은 것 하나하나에서 뜻밖의 즐거움을 느낄 수 있었다. 스산한 기운이 싫어 외출도 하지 않던 내가 늦가을에 단풍놀이를 갔고, 점점 더 유치원 아이들의 행동이 귀엽게 보이기 시작했다. 생각 하나 바꿨을 뿐인데 나도 모르게 마음 깊은 곳에서 행복의 샘물이 고이는 것을 느낄 수 있었다. 내가 느끼지 못했을 뿐이지 그동안 내 가까이에 감사할 일들이 끝도 없이 많다는 것도 그때 깨달았다.

누구라도 부러워하는 결혼생활을 하는 S는 주부 모델이다. 중학교 다니는 딸은 둔 그녀는 한때 제법 잘나가는 모델이었고 내가 보기엔 아직도 생기 넘치고 아름답다. 하지만 그녀는 깊은 우울증에 시달리고 있었다. 오라는 곳이 줄어들고, 모델로 나이가 든다는 것은 치명적인 단점이라고 여기고 있었다. 하지만 그녀는 아주 뜻밖의 사건을 계기로 우울증에서 가볍게 벗어났다.

"우연히 TV를 보는데 아, 홈쇼핑 모델을 하면 되겠구나 하는 생각이 스친 거에요. 물론 그전에도 자주 홈쇼핑 프로를 보긴 했는데, 왜 그전에는 그 생각을 못했는지 모르겠어요. 희한하게 목표가 생긴 후로 하루하루가 정말 즐겁고 행복하더라구요. 사실 네 번이나 떨어지고 다섯 번째 합격되어 홈쇼핑 촬영을 했는데 촬영 내내 심장이 터질 듯 기쁘더라구요. 요즘은 정말 행복해요. 게다가 아이들 학교 보내고 한가한 시간에 일도 하고 돈도 벌 수 있으니 잘나가던 젊을 때보다 지금이 더 좋은 것 같아요.”

주부로 살던 몇 해 동안 그녀는 자신의 이름을 잃어버린 것 같았다고 했다. 애들 엄마, 누구의 아내라는 사실만 확인되는 자신의 삶이 형편없이 느껴졌는데 이번 일을 시작하면서 자아를 되찾은 느낌이 들었다고 말했다.

그녀에게 행복과 불행은 예기치 못한 곳에서 시작되었지만 결국 그녀가 마음을 어떻게 먹느냐에 따라 크게 달라진 셈이다.

이런 일도 있었다. 어느 날 한 친구에게서 전화가 왔다. 친구는 세상에 별일이 다 있다며 푸념을 늘어 놓았다. 별로 친하지도 않은 지인이 대뜸 전화를 걸어 돈을 빌려달라고 했다는 것이다. 자신을 무슨 봉으로 아느냐고 화까지 내고 있었다. 나는 웃으며 친구에게 이렇게 말했다.

“빌려달라고 손 벌리는 사람의 심정은 오죽하겠니. 분명한 것은 빌리는 사람보다 빌려줄 수 있는 사람이 더 행복하다는 거야. 아무 대가도 바라지 말고 돌려 받지 않아도 좋을 만큼만 도와주렴."

내가 부족해서 손 벌리는 입장이 아니라, 작은 것이라도 줄 수 있는 입장에 있다면 행복한 것이다. 아무 것도 가진 것이 없다고 툴툴대는 사람들 중에는 남에게 손벌리지 않고 무난하게 살아가는 사람들도 참 많다. 그러면서도 전혀 행복하지가 않다. 지금 가진 것에 만족하지 못하기 때문이다.

만약 지금 누군가에게 돈을 꾸거나 큰 부탁을 해야 한다고 생각해보라. 갑자기 불안해지면서 지금보다 훨씬 불행한 기분이 들 것이다.

내가 행복하다고 생각하면 행복한 것이다

다음은 코카콜라의 회장겸 CEO였던 더글라스 대프트가 2000년에 직원들에게 보낸 신년사 메시지이다. 한번 천천히 음미하며 읽어보길 바란다.

"인생은 공중에서 다섯 개의 공을 돌리는 저글링 게임입니다. 다섯 개의 공에 각각 일, 가족, 건강, 친구, 나(영혼)라고 이름 붙여 봅시다. 조만간 당신은, '일'이라는 공은 고무공이라서 떨어뜨리더라도 바로 튀어 오른다는 것을 알게 될 것입니다. 그러나 다른 네 개는 유리공이라서 어느 것이라도 떨어뜨리게 되면 긁히고 깨져 다시는 전과 같이 될 수 없습니다. 중요한 것은 '어떻게 공 다섯 개의 균형을 유지하느냐' 하는 것입니다.

자신을 다른 사람과 비교하면서 과소평가하지 마십시오. 우리들은 각자 다르고 특별한 존재들입니다. 삶의 목표를 다른 사람들이 중요하다고 생각하는 것들에 두지 말고, '나'에게 최선인 것에 두십시오.

가까이 있는 것들을 당연하다고 생각하지 마세요. 당신의 삶에 충실하듯, 그들에 충실하십시오. 그들이 없는 삶은 무의미합니다. 과거나 미래에 집착함으로써, 삶이 손가락 사이로 빠져 나가게 하지 마세요. 당신의 삶이 하루에 한 번인 것처럼 삶으로써, 삶의 모든 날들을 살게 되는 것입니다.

아직 줄 수 있는 것들이 남아 있다면 결코 포기하지 마세요. 노력을 멈추지 않는 한, 진정으로 끝난 것은 아무것도 없습니다. 내가 완전하지 못하다는 것을 인정하기를 두려워 마세요. 우리를 구속하는 것은 바로 이 덧없는 두려움입니다. 위험에 부딪히기를 두려워 마십시오.

찾을 수 없다고 말함으로써 삶에서 사랑의 문을 닫지 마세요. 사랑을 얻는 가장 빠른 길은 그것을 주는 것이고, 사랑을 잃는 가장 빠른 길은 그것을 너무 꽉 쥐고 놓지 않는 것입니다. 사랑을 지속하는 최선의 길은 그 사랑에 날개를 다는 것입니다. 지금 어디에 있는지, 어디를 향해 가고 있는지 모를 만큼 바쁘게 살진 마세요. 삶은 경주가 아니라 한 걸음 한 걸음 음미하는 여행입니다. 어제는 역사(history)이고, 내일은 미스테리(mistery)이며, 오늘은 선물(present)입니다. 그렇기에 우리는 현재를 선물(present)이라 부릅니다.”

10년도 더 지난 신년사이지만 이 글은 우리에게 많은 것을 생각하게 한다. 행복은 객관적이지 않다. 너무나 주관적이고 유동적인 개념이다. 때문에 내가 행복하다고 생각하면 행복한 것이다. 반대로 내가 불행하다고 생각하면 불행하다. 당신이 행복과 불행 가운데 어떤 것을 선택할 것인지는 전적으로 당신의 마음에 달려 있다.

나는 지금 이시간 간절한 마음으로 당신이 불행보다는 행복을 선택하기를 바란다. 왜냐하면 당신은 사랑받고 행복하기 위해 태어난 사람이기 때문이다. 행복은 생각보다 우리 가까이에 있다.

04

내 안에 있는
자연을 깨워라

나는 분당에서 유치원을 운영하고 있다. 누군가는 분당의 중심가에 버젓이 자리잡은 유치원을 바라보며 부러워하기도 하고, 누군가는 시샘의 눈길을 보내기도 한다. 하지만 누가 뭐라건 나는 이 유치원이 자랑스럽고 감탄스럽다. 왜냐면 지독한 고생 끝에 마련한 노력의 결실이기 때문이다. 어린 두 아들을 제대로 돌보지 못하고 밤낮 없이 뛰어다니며 이 순간을 얼마나 기다렸는지 모른다.

열정과 노력만으로 10년간 운영해오던 학원을 접고, 1997년 지금의 터에 유치원을 지었다. 아이들이 마음 놓고 뛰어놀 수 있는 놀이시설을 마련하고 싶었고 무엇보다 아이들이 좋은 환경에서 더 나은 프로그램을 접하며 생활했으면 하는 바람에서였다. 공교롭게도 그해말 IMF가 터졌는데 운영자금은 어찌어찌 융통을 했지만 1998년 불어닥친 경제난은 여러모로 상황을 어렵게 몰고 갔다. 또 그해 눈은 어찌나 많이 내리던지.

개원 후 3년간 거의 휴일 없이 매일 유치원을 꾸미고 청소하고 더 나은 프로그램을 개발하기 위해 눈코뜰새 없이 바쁜 나날을 보내야 했다. 하루하루가 전쟁처럼 힘들었지만 그래도 계속 할 수 있었던 것은 우리 유치원에서 밝고 건강하게 자라나는 아이들을 지켜보는 기쁨 때문이었다.

나는 천성적으로 아이들을 좋아했고, 또 오래전부터 유치원 원장을 하고 싶다는 꿈을 갖고 있었다.

몇년 전에 우연히 고등학교 생활기록부를 떼볼 기회가 있었다. 그리고 고등학교 3년 내내 '희망직업란'에 쓰여진 글을 보고는 깜짝 놀랐다.

'유치원 교사'

생각해보면 내가 지금 이렇게 유아교육을 하고 있는 것도 알고 보면 그때부터 품어온 꿈을 포기하지 않았기 때문이었던 것이다.

그렇게 어렵게 시작한 유치원은 어려운 환경에서도 꾸준히 성장해 지금은 13반을 운영하는 제법 큰 규모의 유치원이 되었다. 아침마다 병아리 떼처럼 쏟아져 들어오는 해맑은 아이들을 보면, 밥을 먹지 않아도 배가 부르다는 말이 무슨 뜻인지 실감하곤 한다.

자연을 직접 체험하는 유치원

아이들을 가까이서 지켜보는 것만도 큰 행복이지만 내가 유치원을 운영하면서 가장 역점을 두는 부분이 있다. 바로 아이들을 위한 자연친화적인 환경이다. 무릇 아이들은 자연과 가까이 있을 때 저절로 인성이 바른 아이로 자라고 제대로 된 교육효과를 거둘 수 있다고 믿는 것이 평소 내 교육 철학이다.

나는 이런 교육환경을 만들기 위해 다양한 노력들을 기울여 왔다. 개원 첫 해 원훈을 '자연 속에서 체험하는 예의바른 유치원'이라고 짓고 유치원 밖 곳곳에 아이들이 언제라도 쉽게 만지며 놀 수 있는 정원을 꾸며 주었다. 또 공터에 텃밭을 만들어 상추, 배추, 무, 감자, 고구마, 고추, 가지 등 다양한 야채를 아이들이 직접 심고 가꾸어 식탁에 올리도록 했다. 또 다양한 야생화와 과실수를 직접 키우며 꽃과 과일이 맺고 열리는 과정을 눈으로 직접 보도록 했다.

처음 개원한 3년간은 소를 키우기도 했다. 대도시 한복판에서 과연 소를 키울 수 있을까 반대도 있었지만 나는 뜻을 굽히지 않았다. 그렇게 해서라도 아이들이 동물과 교감하고 자연을 그대로 받아들이도록 해주고 싶었기 때문이다. 소똥을 치우고, 음메 소리를 듣고, 껌뻑거리는 눈을 바라보면서 아이들은 정말 무한한 관심과 호기심을 보여 주었다. 아이들은 자신들이 직접 지은 소의 이름을 불러주며 인사를 나누기도 했고, 소에게 풀을 먹이며 환호하기도 했다. 그런 아이들의 얼굴과 목소리는 내겐 기쁨 그 자체였다.

지금은 아예 원목으로 동물농장을 만들어 다람쥐, 토끼, 닭 등을 키운다. 닭은 매일 몇 개씩의 알을 낳고 봄 가을에는 달걀을 품어 병아리도 태어난다. 병아리들이 태어나 삐약거릴 때면 유치원 아이들조차 작은 병아리가 된듯 삐약거리며 어쩔 줄을 모른다.

명절에 시골에 계시는 할머니 할아버지 집에나 가야 겨우 볼 수 있을까 말까 한 광경을 일상적인 생활에서 체험하게 하는 것, 자연만한 교육장은 어디에도 없다는 나의 생각을 이렇게라도 실천할 수 있어서 참 다행이다.

내가 부모들이 아주 귀찮아 할만큼 자주 하는 얘기가 있다. 바로 '자연'이다. 나는 학부모들을 만날 때마다 자연의 중요성을 몇 번씩 강조한다. 회색 콘크리트 벽에 갇힌 채 학교와 학원을 오가며 딱딱한 책상 앞에 앉아 공부만 하는 도시 아이들에게 가장 필수적으로 제공해야 하는 것은 바로 자연이라고 말이다.

사실 부모들이 아이들에게 원하는 '창의성'을 키우는 가장 좋은 방법은 간단하다. 한 연구결과에서도 밝혔지만 창의성은 자연 속에서 사랑하는 사람과 얼마나 많은 대화를 나눴느냐에 따라 차이가 생긴다.

얼마 전, 이런 나의 작은 노력들이 결실을 맺었다. 인성과 감성 교육을 높이 평가받아 '2011년 혁신 한국인' 선정에 이어 '2012년 자랑스런 혁신 한국인'으로 다시 선정되었고 '2012년 바른교육 대상'도 받은 것이다. 나로서는 참 행복하고 감사할 따름이다.

넓은 대자연을 아이에게 선물하자

아이들의 내면은 어른들이 생각하는 것보다 무궁무진 넓고 크다. 나는 부모들이 마치 아이들을 다 이해하고, 안다는 듯이 말하는 것을 보면 마음 한쪽이 불편해진다. 어른의 상상력과 행동에 아이들을 맞추려는 부모들을 볼 때도 마찬가지다. 요즘 많은 부모들은 아이들이 마치 어른이라도 되는 듯 대한다. 자신의 눈에서 할 수 있는 판단과 행동을 아이가 하지 못한다고 속상해하는 일도 태반이다.

아이들은 아이다워야 아이다. 또 그들만이 가지고 있는 잠재적인 능력과 무한한 재능은 자연 속에 있을 때 그 진가를 발휘하게 된다. 자연을 접하고 자란 아이라야 제대로 된 인성을 가질 수 있다. 이것이 내가 아이를 학원보다는 자연 속으로 데리고 가라고 귀가 닳도록 말하는 이유다.

아이를 낳아 키우는 우리 여자들은 원래 태생 자체가 자연적이다. 여자는 아이를 잉태하고 낳으면서 또 그 아이들을 기르면서 자연의 무한한 힘을 느끼게 된다. 나의 소중한 아이들이 딛고 있는 땅의 기운, 내 소중한 가족들의 입에 들어가는 자연을 보며, 생태적이지 않았던 어린 여자들도 자연의 어머니가 되는 것이다.

지나친 교육열 속에서 지금 내가 아이를 제대로 가르치고 있는 것인가, 내 아이만 뒤처지는 것이 아닌가 하는 걱정에서 벗어나 자녀와 함께 자연으로 돌아가보자. 내면에 스트레스가 쌓인 아이는 그 열기로 인해 제대로 자랄 수 없다.

큰 나무로 키울 수 있는 아이를 작은 화분에 가둬 놓고 매일 물과 영양분을 준들 그것을 잘 흡수해 크게 자랄 수 있겠는가. 아마도 당장 잎은 무성하더라도 뿌리가 건실치 못하니 큰 나무로 자라기에 어려움이 있을 것이다.

지혜로운 여자는 넓은 대자연을 아이에게 보여주고 들려주고 맛보게 하고 뛰놀게 하는 엄마일 것이다. 거창하게 여행을 계획하지 않더라도 가까운 동네 공원에 날아다니는 나비, 풀밭에 뛰어다니는 곤충과 놀 수 있도록 아이를 놓아두자. 아이들이 자연을 맛보는 동안 내 삶에도 따뜻한 봄기운이 서서히 다가옴을 느낄 수 있을 것이다.

05

모든 일에는 이유가 있다

"왜 하필 나한테 이런 일이 일어난 걸까?" "나는 정말 재수 없게 되는 일이 하나도 없어."

정말이다. 남들에게는 행운도 겹쳐서 오고 늘 즐거운 일만 생기는 것 같은데 어쩌면 내게 닥친 일들은 그리도 재수가 없는지. 왜 하필 불행은 나만 찾아오는지 알다가도 모를 일이다.

하지만 정말 그럴까? 나도 한때 하는 일이 자꾸만 꼬이고 미래가 보이지 않아 신을 원망하며 보낸 시간이 있었다. 그때 나는 지독히도 재수가 없고, 되는 일이 하나도 없다고 하루하루 짜증을 내고 분통을 터뜨리곤 했다.

하지만 이 나이가 되도록 살다 보니 모든 일에는 다 이유가 있다는 것을 알게 됐다. 어쩌면 아주 당연한 이치를 중년이 다 돼서야 깨달은 것이다.

모든 일은 '우연'이 아니라 '필연'이다

최근 인상 깊게 읽은 책이 있다.

『With You: 당신에게 힘이 될게요』라는 책이다. 저자인 손경미 씨는 2003년 유방암 진단을 받은 후 4년에 걸쳐 여섯 번의 수술을 받은 사람이다.

2003년 봄 어느 날, 그녀는 두 아이를 태우고 가다가 교통사고를 당했다. 차는 폐차할 정도로 망가졌지만 다행히 다친 사람은 없었다. 그러나 사고 후유증으로 인한 근육통 때문에 한동안 병원에 다니며 검진을 받아야 했다.

그런데 이 통증이 거의 다 나아갈 무렵, 오른쪽 가슴 위쪽에 딱딱한 멍울이 잡혔다. 유방암이었다. 이후 손경미 씨는 2008년까지 여섯 번에 달하는 항암 치료를 받아야 했다. 기도와 강력한 의지로 견뎠지만 암과의 사투는 상상을 초월했다. 그녀는 그때를 이렇게 회상했다.

"얼마나 고통스러웠는지 세상 가운데 혼자 내버려진 것 같은 기분이었습니다."

마지막 치료를 받고 나오는데 담당 간호사가 "지금 이 순간 무엇이 제일 하고 싶으냐?"라고 물었다고 한다. 질문을 받은 순간 그녀는 마치 전기에 감전된 것처럼 찌릿했다. 그때 자신이 앞으로 어떤 일을 하며 살아야 할지 깨달았기 때문이다. 자신과 같은 처지에 있는 사람들을 위해 기도하고 돕는 일을 하며 살고 싶다는 생각이 내면에 샘물처럼 고였다.

하지만 이 후에도 시련은 계속 이어졌다. 암의 재발을 막기 위해 난소 적출 수술을 받아야 했고, 지금도 머릿속에는 콩알만 한 종양이 자리하고 있다. 하지만 그녀는 그때 생각했던 뜻을 행동으로 옮겨 지금 '아시안 암 환우회 회장'으로 자신과 같은 처지의 환우들을 돕고 있다.

나는 이 책을 읽으면서 모든 일에는 반드시 이유가 있다는 철학에 더 큰 확신을 갖게 되었다.

이처럼 세상에 일어난 일들을 '우연'이 아니라 '필연'으로 여기면 똑같은 상황이라도 바라보는 마음이 훨씬 가벼워진다. 사실 인생은 자신에게 닥치는 상황을 어떤 패러다임으로 해석하느냐에 따라 한치 앞도 보이지 않는 깜깜한 동굴이 되기도 하고, 한줄기 빛이 되기도 한다.

나처럼 유치원을 운영하는 원장 친구가 있다. 오랜 기간 알고 지내면서 속사정까지 알고 지내는 사이다. 그녀의 인생도 손경미 씨처럼 드라마틱하다.

평소 그녀와 남편은 그다지 좋은 사이가 아니었다. 그냥 무관심하게 소닭보듯 지내는 평범한 부부다. 하지만 남편은 늘 문제를 만드는 스타일이었다. 설상가상으로 친구의 빚보증을 서주는 바람에 집안이 풍비박산날 위기에 처했을 때 그녀는 수억 원의 빚을 갚기 위해 죽도록 열심히 일했다. 그 결과 남편의 빚을 모두 갚을 수 있었고 비로소 두 다리 뻗고 잘 수 있었다.

하지만 엉뚱한 곳에서 일이 터졌다. 어느 날부터 몸이 자주 피로하고 이상해 병원에 가보니 갑상선암이었다. 이렇게 고생하다 결국 죽는구나 싶었단다. 하지만 이 사건 이후 사고만 치던 남편이 완전히 달라졌다. 아내에게 살갑게 대하기 시작했고 힘든 일은 자신이 도맡아 했으며 암이 재발할까 걱정하며 손수 먹거리를 챙기고, 주말마다 가족동반 여행을 가기도 한단다.

지금 이 부부는 누구보다 행복하게 살고 있다. 그녀는 그동안 사고만 치던 남편을 정신 차리게 해준 갑상선암에게 고맙다고 말한다.

끝까지 살아보기 전에는 절대로 알 수 없다

세상을 살다보면 희한하게도 불운이 행운으로 바뀌는 일을 경험하곤 한다. 부부싸움을 하고 나와 거리를 배회하다가 산 복권이 1등에 당첨되기도 하고, 버스를 놓쳐 발을 동동 굴렀는데 그 버스가 사고가 나 목숨을 구한다거나 IMF에 직장을 잃고 절망하다가 어렵게 작은 사업을 시작해 크게 성공한 사람들도 있다. 정말 꿈 같은 일들이지만 세상에는 이보다 더한 일들도 곳곳에서 벌어지고 있다. 그러고 보면 '그래도 인생 한 번 살아볼 만하다'는 생각이 절로 든다.

그렇다. 끝까지 살아보기 전까지 절대로 알 수 없는 것이 인생이다. '이제 정말 끝이야'라고 절망하는 순간 생각지도 못한 새로운 세상이 열리기도 한다. 인생, 끝까지 포기하지 않고 악착같이 살아야 하는 이유가 여기에 있다.

지금 나에게 닥친 엄청난 시련을 양파 껍질이라고 생각해 보자. 이 껍질 하나가 벗겨지면 그 안에 있는 껍질은 시련일지 행운일지 알 수 없는 법이다.

'그것이 기쁨이든 슬픔이든, 성공이든 실패든 세상에 일어나는 일에는 모두 이유가 있다'는 것을 깨달은 이후 나는 웬만한 일에는 초연해지는 여유를 갖게 됐다. 그동안도 그래왔듯이 이번 역경도 곧 지나갈 것이라는 사실과 그 시련 속에 예기치 못한 다이아몬드가 감춰져 있다는 사실을 경험으로 깨달았기 때문이다.

갑자기 불기 시작한 태풍이 배 한 척을 그대로 삼켜 버렸다. 살아남은 몇몇 사람들은 무인도에 난파되었고, 그들은 구조선이 올 때까지 어떻게든 견뎌야 했다. 나무와 천으로 천막집을 지었고, 물고기와 과일 등 먹을거리를 모으기 시작했다. 그러나 목이 빠지게 기다려도 구조선은 나타나지 않았다.

그러던 어느 날 누군가의 실수로 천막집이 모두 불타 버리고 말았다. 그동안 모아둔 음식은 순식간에 재가 되어 버렸다. 사람들은 좌절하고 절망했다. 더 이상은 이 무인도에서 식량으로 삼을 만한 것이 보이지 않았기 때문이다.

사람들은 이제 곧 굶어 죽을 것이라며 울부짖었고 천막을 태운 이를 원망하기 시작했다. 불을 낸 사람은 자책감에 죽을 생각까지 했다. 그런데 다음 날 아침, 그렇게 기다리던 구조선이 나타났다. 자포자기했던 사람들은 너무나 기뻐하며 물었다.

"어떻게 우리를 찾을 수 있었습니까?"

그러자 구조대원이 말했다.

"어제 섬에서 연기가 나던데요. 무인도에서 연기가 난다는 건 구조 신호인 게 분명하니까요."

지금 어려움에 처해 있는 사람이라면 당장 눈앞의 문제가 온통 전부인 것처럼 느껴질 것이다. 하지만 절대로, 절대로 그렇지 않다. 그것은 나에게 찾아온 기회의 또 다른 모습이 확실하기 때문이다. 닥쳐오는 고통에 고개를 숙이거나 불행해할 필요가 전혀 없는 이유다.

오늘 불행을 겪고 있다면, 다 이유가 있어서라고 생각하자. 분명 세월이 많이 지난 어느 날, 그 이유를 깨닫고 고개를 끄덕이게 될 것이다.

06

망사스타킹,
그 참을 수 없는 유혹

거리에 젊고 아름다운 여성이 지나간다. 주변 남자들의 고개가 동시에 그녀를 향한다. 남자 곁에 있던 여자 친구들의 눈매가 일시에 사나워진다. 더러는 남자의 옆구리를 찌르며 가던 길을 재촉하기도 한다.

반짝이는 것에 자연스럽게 눈길이 가는 것은 사실 본능에 가깝다. 여자들이 화려한 보석에 이끌리듯, 남자는 예쁜 여자를 보면 자신도 모르게 시선을 주게 되는 것 같다.

남자들이 여자에게 자동으로 눈길을 빼앗기는 이유에 대해서 주변에 내가 아는 모든 남자들에게 끈질기게 물어본 적이 있다. 그 중 가장 흥미로운 대답이 있었다.

"아름다운 여자에게 대부분 눈길이 가는 건 맞지만, 사실 남자들이 여자를 볼 때 외모가 다는 아니에요. 중요한 건 섹시함이죠."

섹시함이라!

예쁜 외모보다도 강력한 섹시함이라니, 나는 호기심이 생겼다. 내친김에 언제 여자가 가장 섹시해 보이는지 묻고 다녔다. 마흔이 넘은 여자가 묻기엔 좀 민망한 질문이긴 했지만 남자들은 의외로 유쾌하고 솔직하게 대답해 주었다. 그리고 그들의 취향은 꽤 다양했다.

샴푸 후 젖은 머리, 스커트 위로 살짝 보이는 허벅지, 목덜미로 흘러내린 머리 몇 가닥, 샌들 사이로 보이는 발가락…….

이렇게 자세한 얘기가 나올 줄 미처 예상하지 못했던 나는, 이후 여자의 섹시함에 대해 진지하게 생각해 보게 됐다.

섹시함을 당당하게 드러내는 그녀

내게는 쾌활한 성격의 후배가 한 명 있다. 40대 초반의 그녀는 짧은 치마에 망사스타킹을 자주 신는다. 그녀와 함께 걸으면 여지없이 남자들의 시선이 후배에게 내리 꽂히는 게 느껴진다. 특히 몇몇 중년 남성들은 노골적으로 음흉한 눈빛을 보내기도 한다.

처음에 나는 후배 옆에 있기가 민망했다. 하지만 후배는 주변의 시선에는 아랑곳하지 않고 마치 세상을 호령하듯 당당하게 걷는다. 어느 날 그런 후배가 은근히 얄미운 생각이 들어서 왜 그렇게 망사스타킹을 자주 신느냐고 물었다. 그러자 왜 당연한 걸 묻느냐는 듯한 표정으로 대답했다.

"왜 신겠어? 나한테 잘 어울리니 신는 거지. 내가 몸매는 통통해도 사실 다리는 예쁘고 섹시하잖아. 내 몸에서 제일 자랑스러운 곳인데, 좀 드러내면 어때?"

이상한 일이지만 갑자기 부끄러움이 밀려왔다. 자신의 섹시함을 당당하게 드러내는 그녀를 내 멋대로 '야한 여자'라 단정 짓고 비난한 것이 미안해서였다.

나는 그 후배와의 대화를 계기로 섹시함과 망사스타킹에 대한 관념을 완전히 바꾸었다. 섹시함이 여자에게 얼마나 중요한 요소인지 깨닫게 된 것이다. 그리고 나이에 맞게 점잖게 입어야 한다는 고루한 생각에서도 벗어나기로 했다. 그래서 평소 입어보고 싶었지만 망설이기만 했던 옷에 하나둘 도전하기 시작했다. 용기를 내어 망사스타킹까지 신고 친구들 모임에 나가보기로 했다.

친구들의 반응은 놀라웠다. 주책이라고 비난하면 어쩌나 싶어 걱정한 것이 무색하리만큼 나를 부러워했다. 몇몇은 구체적으로 어느 매장에서 샀는지 물어올 정도였다. 모임 내내 은근히 곁눈질하는 친구들의 모습을 보면서 예전의 내 모습이 떠올라 웃음이 나왔다. 그날 모임이 끝나고 돌아오는 길 쇼윈도에 내 모습을 비춰보았다. 망사스타킹을 신고 있는 섹시한 여자가 나를 보고 웃고 있었다.

여자는 결혼과 동시에 섹시함과 멀어지기 쉽다. 섹시함은 미혼여성의 전유물이라는 고정관념이 있기 때문이다. 물론 결혼하지 않은 여성들에게 있어 섹시함은 곧 무기다. 자신의 맘에 드는 멋진 남자를 유혹하고 쟁취하는 데 있어 섹시함만큼 강력한 수단은 없다.

하지만 결혼한 여자에게 섹시함은 삶의 활력 그 자체다. 기혼 여성들의 섹시함은 유혹의 수단이 아니라 자신의 존재감을 드러내는 도구이기 때문이다. 물론 결혼한 여자도 자신의 섹시함을 남자들이 알아줄 때 뿌듯해 한다. 그 남자들을 유혹하는 데 성공해서가 아니라 자신의 존재를 드러냈다는 데서 오는 만족감이 큰 탓이다.

섹시할 자유, 아름다울 권리

여자라면 누구나 예쁘게, 아름답게, 섹시하게 치장하고 싶은 욕구를 가지고 있다. 남에게 보여주고 싶어서이기도 하지만 그보다는 스스로가 '난 참 멋져, 이 나이에도 아직 매력 있는 여자야'라는 자기만족이 필요해서이기도 하다.

그러니 섹시한 옷차림에 대해 지적하는 남편의 말은 적당히 무시해도 좋다. '다른 남자 눈에 예쁜 모습 보이기 싫어 그렇다'라는 남자들의 말을 곧이곧대로 믿고, 섹시함을 포기하고 살다가 뒤통수 맞는 여자들을 수없이 봤기 때문이다.

통 큰 바지나 헐렁한 티셔츠에 익숙해진 어느 날, 남편이 이런 말을 할지라도 너무 놀라지 마라.

'나니까 너 같은 여자 데리고 살지. 누가 여자인지 남자인지도 모르겠는 아줌마랑 살고 싶겠어?'

그때 가서 후회하고 신세한탄을 해봐야 때는 이미 늦은 뒤다. 섹시함은 '나'라는 작품을 갈고 닦는 것과 비슷해서, 하루아침에 얻어지는 것이 아니기 때문이다. 그러니 후회할 일은 미연에 방지하는 것이 좋지 않을까? 주변 반응에 겁먹거나 위축되지 말고 당당하게 내가 원하는 섹시함을 드러내보자.

여자에게는 섹시할 자유와 권리가 있다!

07

착각을 즐겨야
더 행복하다

젊은 여자든, 나이든 여자든 착각에 빠지는 것은 다 똑같다. 지나가던 남자가 갑자기 뒤를 돌아보면 신경이 쓰이고 자기를 쳐다보는 것처럼 느낀다. 그 남자가 멋있는 사람이라면 때로는 가슴이 콩닥콩닥 뛰기도 한다. 하지만 그 남자의 시선이 내가 아닌 다른 여인을 곁눈질하는 것이라는 것을 깨달았을 때, 순간의 착각에 스스로 무안해지기도 한다.

당장은 무안하지만 나를 바라보는 남자들의 시선, 착각을 좋아하고 즐기는 면은 여자라면 누구나 조금씩 갖고 있지 않을까.

나도 평소 남자들의 시선을 의식하고, 솔직히 가끔은 그런 시선을 즐기고 싶은 마음이 있다.

이런 나를 두고 누군가는 주책이라고 할지도 모른다. 하지만 내 생각에 '착각'이야말로 가슴을 뛰게 하고 생활에 활력을 가져다 주는 에너지원이다. 그래서 나는 요즘은 아예 대놓고 착각을 즐기려 노력하고 있다. 착각할수록 매순간이 즐겁고 행복하기 때문이다. 샤워를 하면서 제법 괜찮은 얼굴과 몸매라고 착각하고, 오늘 입은 치마가 섹시하다고 착각하고, 맞은편에 서 있는 저 남자가 나를 보고 있다고 착각하기도 한다. 그것이 진짜 착각이든 아니든 나의 착각 행진은 좀처럼 멈추지 않는다.

행복한 사람들은 모두 착각쟁이들이다

착각이 얼마나 위대한 힘을 가졌는지 알려주는 중요한 실험이 있다. 하버드대학교 한 교수의 실험에 의하면 노인들을 대상으로 주위 환경을 20년 전으로 꾸며 놓고, 몸에 나타난 변화를 지켜본 결과 놀랄 만한 결과를 얻었다고 한다. 뇌졸중으로 쓰러져 있던 노인은 혼자서 걸어 나왔고, 거동이 힘들었던 노인들이 하나같이 걷고 춤을 추었던 것이다. 착각도 이 정도면 할 만하지 않은가.

　지나친 현실주의자가 되었을 때 인생은 너무나 재미가 없다. 다소 황당하고, 비현실적이더라도 자신이 바라는 바를 머릿속으로 생생하게 상상하거나 스스로 행복해지는 착각을 하는 것만으로도 인생은 몇 배 더 행복해진다.

　늦깎이 공부를 하며 친해진 50대 지인이 있다. 1남1녀 아이들을 어찌나 잘 키워놨는지 마음속으로 항상 부러워하던 사람이다. 어느 날 그분이 한 턱 쏘겠다며 나를 초대했다.

　"오늘 당장 만나요."

　무슨 일인지 물어볼 경황도 없이 약속 장소인 압구정동으로 갔다. 식당은 한눈에 보기에도 고급스러워 다소 놀랐는데, 웬걸 일반석도 아닌 VIP룸으로 안내를 해주는 게 아닌가. 먼저 온 지인이 정중히 인사를 했다.

　"놀랐죠? 사실 나 얼마 전 대학교를 들어갔어요. 그동안 고졸이라는 학벌 때문에 언젠가 공부를 더 해야지 생각했는데, 아들의 적극 추천으로 도전한 것이 이번에 합격했어요. 홍 선생, 학교생활이 얼마나 재미있는지, 이 나이에 캠퍼스를 걷는 기분이 어떤지 모르죠? 하하하, 같은 과 애들이 엄마뻘 되는 나에게 '왕언니'라고 불러주는데 창피한 게 아니라 오히려 행복해요. 내가 대학생이라는 그 기쁨은 말로 표현 못 하겠어요. 누구라도 붙들고 자랑을 하고 싶지만 그럴 순 없고, 자축할 겸 만나자고 한 거에요. 요즘 신랑도 내가 젊어졌다고 하는데, 설령 그것이 착각이라 해도 얼마나 기분 좋은지 몰라요."

정말이지 같이 있는 내내 얼마나 좋아하는지 나도 덩달아 행복해질 지경이었다. 마주 앉은 중후한 50대 그녀의 얼굴에서 젊은이 못지않은 빛이 뿜어져 나오고 있었다. 그녀의 착각은 착각이 아니었다.

주변을 둘러보면 행복해하는 사람들은 모두 착각쟁이들이다. 나는 평균 이상이라는 착각, 열심히 기도하면 이루어질 거라는 착각, 사람 보는 눈이 있다는 착각, 나 정도면 예쁘다는 착각, 좋은 상사라는 착각, 좋은 사람이라는 착각, 그 사람과 친하다는 착각, 내 앞의 멋진 남자가 나를 쳐다본다는 착각, 우리는 하나라는 착각, 내 아이가 크게 될 거라는 착각, 남편은 절대 나 외의 다른 여자에게 눈길을 주지 않을 거라는 착각…….

이런 착각들이 모여 외롭고 고달픈 인생을 그나마 즐겁고 행복하게, 가슴 뛰는 인생으로 만들어주는 것이다.

나는 지금도 종종 거울을 보며 "넌 정말 예뻐!"라고 말한다. 누군가 주책이라고 흉을 봐도 상관 없다. 누가 뭐라고 하건 난 정말 예쁘니까. 그것이 나만의 착각일지언정 무슨 상관이란 말인가.

쑥스럽지만 언젠가 이런 질문을 받은 적이 있다.

"홍원장님처럼 여유로우면서 멋있게 나이들 수 있는 비결이 무엇인가요?"

부끄럽지만 나는 그 비법이 다른 데 있다고 생각하지 않는다. 늘 한 해의 목표를 설계하며 하루하루를 즐겁게 살아가고 여전히 꿈을 꾸며 살고 있는 내가 세상에서 제일 예쁘다고 믿는다. 그래서 나는 이렇게 답하곤 한다.

"인생, 뭐 별거 있나요? 그냥 착각 속에서 즐겁게 사는 거지요. 저는 제가 하고 싶은 일, 이루고 싶은 것이 있으면 '할 수 있다'는 착각으로 일단 시도부터 해봅니다. 그러면 하루하루가 즐겁고 행복해요. 무엇보다 착각인 줄 알았던 일들을 실제로 해내게 될 때도 많고요. 인생, 심각하게 살기보다 가볍게, 착각하며 살 때 더 행복하지 않을까요?"

내 남편이 최고라는 즐거운 착각

'남편이 멋있어서 멋있는 것이 아니라 멋있다고 착각하기 때문에 멋있게 느껴진다'라는 말이 있다. 또 '세상은 실제 아름다워서가 아니라 세상이 아름답다고 착각하는 사람들 때문에 아름다워지는 것이다'라는 말도 있다. 모두 맞다. 인생은 착각하는 딱 그만큼 즐겁고 행복해진다.

그러니 여자들이여, 무엇이라도 좋으니 자주 착각하자. 당당하게 착각하며 살자. 행복한 착각은 주책이 아니라 행복 에너지이다.

여자가 나이든다는 것

　　문득 몇 년 전 한 선배가 했던 말이 떠오른다.

　"여자 나이 마흔 넘어서부터는 많이 배운 여자나 못 배운 여자나 피장파장이야. 쉰이 되면 예쁜 여자나 미운 여자나 피장파장이고……."

　그때는 그게 어떻게 똑같냐고 따졌지만 살아보니 그 선배의 말이 어느 정도 옳을 수도 있겠다는 생각이 든다. 그때 선배의 나이가 쉰을 앞두고 있었으니 나이 들면서 자연스럽게 깃든 인생의 지혜를 말해준 것이리라.

대체 여자가 나이든다는 것은 무슨 의미일까?

이제 제 인생도 좋은 때 다 갔나 봐요

올해 마흔 둘인 은수 엄마. 그녀는 요즘 웃다가, 울다가 하는 조울증 때문에 힘들어한다. 그래서 요즘 그녀의 남편은 그녀를 대놓고 '조울녀'라고 부른다고 한다. 하루에도 몇 번씩 울다가 웃기를 반복하니까.

아이의 상담을 하러 온 남편의 말을 들어보니 엄마가 조울증을 앓다 보니 사소한 일에도 버럭 화를 내고 눈물을 흘리는 바람에 학교에 다녀온 아이들은 엄마 눈치를 보느라 좌불안석이란다. 남편의 눈빛을 보니 애간장깨나 태우는 눈치다.

올해 마흔두 살이 된 지연 씨. 그녀는 처녀 시절부터 지금까지 감기 한 번 앓지 않을 정도로 건강했는데 요즘 통 기운이 없단다. 심지어 계단을 오르는 것도, 최근에는 마트에 장을 보러 가는 것도 버겁기만 하다고 한다. 며칠 전 병원을 찾았지만 딱히 이렇다 할 원인을 찾을 수 없어 더 답답하다. 예전에는 몇 코스나 되는 버스정류장 거리를 씩씩하게 걸어 다녔던 그녀는 이제는 차 없이는 가까운 곳에도 가질 못한다.

마흔네 살의 워킹맘 해연 씨는 입맛까지 잃어버린 경우다. 그녀는 최근 몇 달 동안 식사를 거르는 횟수가 심각하게 늘어났다. 하루 종일 먹고 싶은 것을 떠올려보지만 한 번 떠난 입맛은 돌아올 기미가 보이지 않는다. 부유한 살림에도 불구하고 누룽지에 신김치를 얹어 겨우겨우 끼니를 때운 지 1년이나 됐다고 해서 나를 경악시켰다.

나이가 믿기지 않을 만큼 동안(童顔)에 몸짱이었던 순혜 엄마까지 요즘 자신감이 떨어져 고민이라고 한다.
"이제 제 인생도 좋은 때 다 갔나 봐요. 몇 해 전까지만 해도 어디 나가면 빠진다는 소리 한번 못 들어 봤는데 이제는 누구 하나 쳐다봐 주는 사람이 없네요. 하기야 여자 나이 마흔 넘으면 여자가 아니라 그냥 인간이라던가."
그녀의 말이 왠지 쓸쓸하게 들렸다. 마치 내가 나 자신에게 하는 말 같아서 나도 모르게 기운이 쏙 빠졌다.

마흔 고개부터는 자존감과 자신감도 떨어진다. 프리랜서 기자로 활동하는 S는 누가봐도 눈에 띨 정도로 전문가적 포스가 있다. 30대 초반 시절 이 친구는 누구나 부러워하는 선망의 대상이었다. 하지만 40세가 지나자 상황이 달라졌다.

"선배, 요즘은 취재를 하러 가면 나보다 한참이나 어린 사람들이 대표이사, 임원 명함을 내밀어요. 게다가 같이 간 사진작가나 디자이너들도 내 나이를 부담스러워 하는 것 같고. 참 쓸쓸하네요."

그뿐이 아니다. 얼마 전부터 그녀는 후배들로부터 이런 말을 자주 듣는다고 한다.

"그동안 고생 많이 하셨으니 이제 좀 편히 살아요."

"이제 마흔인데 회사 하나 차리시죠?"

그들의 말은 비수처럼 그녀의 심장에 꽂혔다. 그리고 내일 당장이라도 일을 때려치우고 싶다고 한다. 하지만 그것 외에 다른 직업을 가진 적이 없는 그녀는 매일 밤 '언제까지 이 일을 하는 것이 초라하지 않을까'하는 생각에 불면의 밤을 보내고 있다고 했다.

왜, 여자 나이 마흔 중반을 넘으면 자존감과 자신감이 떨어지고, 외롭고, 아픈 것일까? 전문가들은 의학적으로 여성들이 마흔 중반에 이런 증세를 호소하는 것은 너무나 당연하다고 말한다. 쉽게 말해 일생의 주기로 볼 때 여자의 30대와 40대에 신체적으로나 환경적으로 가장 큰 변화를 겪기 때문에 누구나 한 번은 겪는 통과의례라는 것이다.

여자라면 대부분 30대에 결혼과 출산을 경험하고, 40대에는 자녀 교육과 남편 내조에 집중하게 된다. 따라서 30대와 40대를 겉에서만 보면 생활환경이 크게 다르지 않다. 하지만 그 속을 들여다 보면 엄청난 차이가 있다.

일반적으로 여자 나이 40세는 성장호르몬이 급격히 줄어드는 시기에 해당된다. 일반적으로 성장호르몬 하면 성장기 아이들에게만 적용되는 호르몬으로 생각하기 쉽지만 중년 여성에게 성장호르몬은 노화로 발생하는 각종 증상 등을 완화하는 매우 중요한 역할을 한다. 때문에 성장호르몬이 줄어들면서 건망증, 우울증, 불면증, 식욕감퇴, 만성피로, 비만 등이 두드러지는 것이다.

그러나 내 생각에 이 분석은 과거의 데이터이다. 요즘은 많은 사람들의 신체적 나이가 갈수록 어려지고 있다. 내가 생각하는 진짜 이유는 바로 이것이다. 연세신경정신과 손석한 원장의 인터뷰로 대신한다.

"우리나라는 유독 여성의 아름다움을 나이와 연결 짓는 경향이 강해요. 사회적인 인식이죠. 39세와 40세가 주는 어감은 하늘과 땅이죠. 39세까지는 미시족이라고 부르지만 40세부터는 아줌마라는 타이틀을 붙이는 게 우리 사회거든요. 즉 우리나라는 여성으로서 매력의 기준을 40세 이하로 두는 겁니다."

남자들과 비교했을 때 여자들의 나이를 대하는 우리의 사회적 인식은 너무나 불공평하다. 똑같이 대학을 나와 비슷하게 사회생활을 시작했어도 마흔 고개부터 하향 곡선을 그리는 여자들과는 달리 남자들은 마흔을 분기점으로 경력의 최고 정점에 도달한다. 전업 주부든, 직장 여성이든 남자들과 똑같이 무언가를 이루고 싶은 열망이 있는데, 그럴 수 없으니 인생이 더 허무하고 공허하게 느껴지는 것이다.

나이듦에 대한 자세

하지만 전 세계 인류 중에서 나이들지 않은 이는 단 한 명도 없다. 부자든 가난하든, 여자든 남자든, 잘생긴 사람이든 못생긴 사람이든, 많이 배운 사람이든 못 배운 사람이든지 간에 세월을 비켜갈 수 있는 사람은 단 한 명도 없다. 공평하게 나이드는 것이다.

나만 늙지 않는다. 모두에게 죽음이 다가오지만 그 죽음을 맞는 자세가 다 다르듯 나이듦에 대한 자세도 그것을 대하는 나의 마인드와 자세에 달려 있다.

내 생각에 허망함이 커지는 것은 욕심과 크게 관련이 있는 것 같다. 더 많은 것을 가지려 할 때, 더 잘되길 바랐는데 그 기대가 무너졌을 때 그 욕심은 곧 허망감으로 고스란히 전이된다. 그래서 가끔은 욕심을 내려놓고 포기하는 것이야말로 더 큰 삶의 지혜가 아닐까 하는 생각이 든다.

또 하나, 살다보면 불필요한 기억들과 불쾌한 감정들이 많이 쌓인다. 참 신기하게도 좋았던 기억은 쉽게 사라지는 반면 나빴던 기억은 어쩌면 그리도 차곡차곡 온전한 모습으로 생생하게 저장이 되는지. 하지만 나이들수록 불필요한 기억이나 떠올리면 아픈 기억들은 일부러라도 제거하는 게 좋다. 그런 스트레스와 안 좋은 기억들과 결별하는 것이야말로 지금의 행복을 고스란히 느끼는 현명한 자세이다.

나이가 들었다고 세상을 바라보는 관점이 더 성숙되어지고, 배려와 관용의 태도, 뛰어난 통찰력 등이 그냥 생겨나는 것은 결코 아니다. 자의식에 빠지지 않고 한 걸음 다가갈 줄 알고, 한 걸음 멀어져서 자기를 바라볼 때, 그리고 다양한 사람과 다양한 세상을 보는 시야를 넓혀 나갈 때 비로소 인생의 의미와 목적을 발견할 수 있다.

나는 새로운 한해를 맞이할 때마다 일기장에 적어 둔 아래 시를 읽어보곤 한다. 그러면 나이든다는 것이 그렇게 쓸쓸한 일만은 아니라는 것을 새삼 깨닫게 된다.

자기 인생의 의미를 볼 수 없다면

지금 여기, 이 순간, 삶의 현재 위치로 오기까지

많은 빗나간 길들을 걸어왔음을 알아야 한다.

그리고 오랜 세월 동안

자신의 영혼이 절벽을 올라왔음도 알아야 한다.

그 상처, 그 방황, 그 두려움을

그 삶의 불모지를 잊지 말아야 한다.

그 지치고 피곤한 발걸음들이 없었다면

오늘날 이처럼 성장하지도 못했고

자기 자신에 대한 믿음도

갖지 못했으리라.

그러므로 기억하라.

그 외의 다른 길은 있을 수 없었다는 것을.

자기가 지나온 그 길이

자신에게는 유일한 길이었음을.

우리들 여행자는

끝없는 삶의 길을 걸어간다.

인생의 진리를 깨달을 때까지

수많은 모퉁이를 돌아가야 한다.

들리지 않는가.

지금도 그 진리는 분명하게 말하고 있다.

삶은 끝이 없으며

우리는 영원불멸한 존재들이라고.

— 마르타 수목 〈다른 길은 없다〉

09

여자의 품격에는 향기가 있다

영국에 전통적인 '피니싱 스쿨'이라는 게 있다. 원래 피니싱 스쿨은 1960년대까지 귀족학교였다가 이후 귀족계급의 몰락, 페미니즘의 성장, 대학교육이 일반인들에게 확대되면서 차츰 그 열기가 사라졌다. 그런데 최근 이 피니싱 스쿨 열풍이 다시 불고 있다. 피니싱 스쿨은 10대 소녀들을 대상으로 상류사회의 에티켓이나 교양, 매너 등 다양한 문화적 적응능력을 가르치는 일종의 예비학교이다. 그런데 지금의 피니싱 스쿨은 세계의 리더를 키우는 부분에 초점을 맞추고 있다. 이 학교의 목표는 교양 있는 대화법, 품격 있는 옷차림, 파티매너와 예절을 가르쳐 학생들이 세계의 어떤 사람들을 만나더라도 자신감 있고 당당하게 자신을 소개하며, 서로의 문화를 공유하고 상대방을 이해하는 세계시민으로서의 리더의 양성하는 데 있다.

갑자기 이 학교가 이처럼 주목받게 된 데는 이유가 있을 것이다. 경제적으로 어느 정도 여유롭고 개성이 강해진 시대에 품격이 무엇보다 중요해졌기 때문이다.

저 여자 참 품격 없네

자기 개성시대라서 그런지 요즘 남의 눈을 의식하지 않고 꼴불견 행동을 하는 사람들이 부쩍 늘었다. 차의 조수석에 앉아서 유리창에 발을 올리는 사람, 마치 자기 집인 양 지하철에서 수다 떠는 사람, 속살을 훤히 내놓고 거리를 활보하는 사람, 아무 곳에서나 침을 뱉는 사람 등 종류를 따지자면 헤아릴 수 없을 정도로 많다.

나도 얼마 전 그런 경험을 했다. 3년 만에 만난 반가운 친구와 커피숍에 마주앉았다. 친구는 그동안 몇 개의 대학에서 강의를 하다가 드디어 그토록 바라던 전임 교수가 되었다며 신이 나 있었다. 하지만 정작 나는 친구의 얘기에 집중할 수가 없었다. 옆테이블이 신경에 거슬렸기 때문이다. 구두를 벗은 채 발을 의자 위에 올려둔 한 여자가 연신 발가락을 서로 비비면서 꼼지락거리는 모습이 여간 불편한 게 아니었다. 나만 그런 게 아니었는지 다른 사람들도 힐금힐금 그녀의 행동을 곁눈질로 쳐다봤다. 나도 모르게 "저 여자 참 품격 없네"라는 말이 튀어나왔다.

최근 대학생 1,178명을 대상으로 공공장소와 관련하여 여름철 꼴불견에 관한 재미있는 설문조사를 한 적이 있다. 어떤 꼴불견들이 후보에 올랐을까? 1위는 지하철 쩍벌남, 2위는 코를 찌르는 땀 냄새와 발 냄새, 3위는 술 마시고 아무데나 드러누운 취객이었다. 그밖에도 티셔츠 사이로 삐죽 튀어나온 겨드랑이 털, 눈살이 찌푸려지는 과도한 노출, 요란한 소리를 내며 걷는 딸깍녀 등의 순이었다.

나를 고스란히 보여주는 또 다른 기준

나이가 들수록 품격을 갖춰야 한다. 품격은 단순한 외모에서 나타나지 않는다. 품격의 사전적 의미는 '사람 된 바탕과 타고난 성품' 또는 '사물 따위에서 느껴지는 품위'를 뜻한다. 말하자면 사람이나 사물의 외형, 가격에 무관하게 내재된 가치를 뜻하는 말이다. 그러니 품격이야말로 그 사람을 고스란히 보여주는 또 다른 기준이라 해도 과언이 아니다.

가진 게 별로 없어도 품격 있는 사람, 행동거지 하나에도 품격이 깃들어 있는 사람을 만나면 자연스럽게 눈이 가고 매력을 느끼게 된다. 유유상종이라는 말처럼 그런 사람들의 곁에는 또 자연스럽게 성공한 사람들과 품격 있는 사람들이 몰려 있기도 한다.

제아무리 돈이 많고 학벌이 좋은 사람이라도 품격이 뒷받침되지 않는다면 존경받는 리더로 인정받기 어렵다. 품격은 기본이다. 품격은 습관과 같아서 일상 속에서 자연스럽게 배어 나오는데 누구나 노력을 통해 품격을 높일 수 있다. 그래서 나는 품격을 갖추지 못한 사람들을 볼 때마다 우리나라에도 피니싱 스쿨과 같은 학교가 있었으면 하는 생각을 해본다. 성공을 떠나 사람과 사람 사이에 지켜야 할 에티켓 정도는 지켰으면 하는 바람에서다.

노력으로 품격을 되찾은 그녀

20여 년째 직장생활을 성실히 하고 있는 A는 요즘 고민이 깊다. 일도 잘하고 부장까지 승진했기에 회사생활에 나름 만족하고 있었는데 언제부턴가 후배들은 그녀를 보며 워커홀릭이라며, 수군거린다는 것이다. 얼마 전 A를 만났을 때 그녀의 입에서 뜻밖의 말이 나왔다.

"선생님, 그동안 직원들도 잘 따라주고 큰 문제가 없이 지냈기에 나름 잘하고 있다고 여겼는데, 완전히 착각이었다는 걸 깨달았어요. 제가 그동안 잘못 살아온 것 같아요. 승진에서 미끄러지길래 알아보니 사람들이 저를 밀어내려고 없는 말을 지어서 험담을 하질 않나, 직원들을 너무 심하게 닦달한다고 욕하질 않나, 심지어 윗사람들에게 잘 보일려고 별짓을 다한다는 소문까지……. 그 사실을 알고 얼마나 충격을 받았는지 말도 못해요. 당장 사표를 낼까도 생각했죠. 하지만 사실과 다른 부분도 많고 억울하기도 하고, 제가 뭔가 잘못한 것 같기도 한데, 선생님 도와주세요."

나는 그녀에게 자신이 가진 삶의 철학과 품격을 높이는 데 집중해 보라고 조언해 줬다. 이유없이 트집을 잡는 사람도 있겠지만 많은 사람들이 한 목소리로 그랬다면 분명 그녀에게도 문제가 있을 거라고 생각했기 때문이다.

그녀는 자신의 일에 몰두하고 최선을 다한다고 생각하며 생활해 왔겠지만, 혹시 승진이라는 목표에 매달려 사람보다 일을 우선하지 않았는지, 일에 지쳐 주변 사람들에게 짜증섞인 말들과 행동을 하지 않았는지 곰곰이 생각해 보라고 하였다.

몇 달 후 그녀를 만났을 때 나는 깜짝 놀랐다. 말투가 예전과는 완전히 달라졌고, 전에 없던 기품까지 느껴졌기 때문이다. 그녀는 회사에서 자신에게 터무니 없는 험담을 한 사람들의 입장에서 자신을 돌아보려고 노력했다고 한다. 그리고 그들에게 좀더 인간적으로 다가가려고 노력했다고 한다.

아침에 일찍 출근해 사무실 환기를 시키고, 컴퓨터로 동료들이 좋아할 만한 음악을 틀어 놓았고, 상사에게 꾸중을 들은 부하직원을 위해 조용히 차를 가져다 주기도 하고, 기분이 좋지 않을 때는 사람들에게 감정을 푸는 대신 마음을 다스려주는 책 한 권을 옆에 두고 속으로 소리내어 읽었다고 한다. 또 자신의 말투나 습관을 알아보기 위해 친구와의 대화를 녹음해 들어보고 나쁜 습관이나 말투를 바꾸기 위해 몇 번이고 듣고 고치기를 반복했다는 것이다.

나는 그녀가 얼마나 노력을 했는지 단박에 알아볼 수 있었다. 역시 사람은 노력으로 안 되는 게 없다는 생각이 들었다. 그녀는 그전과는 완전히 다른 사람이 되어 있었다.

품격을 갖춘 사람이 더 행복하다

요즘 나는 나이는 숫자에 불과하다는 말을 실감한다. 오히려 여자는 나이가 들수록 모든 면에서 원숙해지고 하는 일에서도 승승장구하는 모습을 목격하기 때문이다. 특히 성공한 여자들에게서 풍기는 연륜과 현명함, 남을 배려할 줄 아는 모습은 아름답다 못해 경이롭다. 그것들이 잘 다듬어져서 밖으로 자연스럽게 배어나는 것이 바로 품격이 아니고 무엇이겠는가.

나는 강연에서 만난 사람들에게 입버릇처럼 품격 있는 여자가 되어야 한다고 강조한다. 품격이 없다는 것은 자기 자신을 사랑할 줄 모른다는 뜻과 같다. 스스로를 하찮게 여기는 사람을 존중해줄 사람이 어디 있겠는가. 품격이 높아야 자존감도 높아지고 성공도 하고, 사람들에게 대접도 받을 수 있다.

나는 품격을 갖춘 사람이 행복감도 크게 느끼고 더 성공한 인생을 살 수 있다고 생각한다. 그러기 위해선 다음과 같은 7가지의 가치 기준을 내, 외면에 담아야 한다.

- · 세련된 절제미
- · 사람들을 건강하게 매료시킬 수 있는 매혹
- · 전문 직업인으로서의 전문성
- · 많은 사람의 시선을 사로잡는 당당하고 멋있는 자세와 스타일
- · 어떠한 어려움에도 자신을 지켜내는 건강한 자존심
- · 인생의 맛과 자신의 색깔을 낼 줄 아는 경제적 감각
- · 세상과 바르게 소통하는 조화로운 능력

품격을 갖추게 되면 자신의 품격이 기품 있는 사람들을 끌어당기기 때문에 절로 다양한 기회들을 누릴 수 있다. 그러할 때 행복하고 성공할 확률이 몇 배로 높아진다.

문화인류학자 이희수 교수는 품격에 대해 '각자 제 선 자리에서 자기 색깔을 은은하게 드러내는 것'이라고 말했다.

나는 품격이 나의 과거와 현재, 미래의 가치를 말해 준다고 믿는다. 그러니 오늘부터라도 나만의 색깔과 품격을 드높이기 위해 노력하고 애써보면 어떨까.

10

있는 그대로
솔직하게 쿨하게

'통즉불통 불통즉통(通卽不痛 不通卽痛)'

동의보감에 나오는 말로 '통하면 아프지 않고, 통하지 않으면 아프다'는 뜻이다. 요즘 주위를 둘러보면 서로 소통이 되지 않아서 신음하고 아파하는 사람들이 너무 많다. 아내와 남편, 부모와 자식, 상사와 부하직원, 교사와 학생…… 통하지 않기 때문에 서로 속으로 앙금이 쌓이고 결국 폭발하고 만다.

내가 인생을 통해서 깨달은 몇 가지 진리 가운데 하나를 꼽는다면, 가능하면 살면서 상대를 적으로 만들지 않고 원만하게 지내야 한다는 점이다.

여기에는 대단한 화법이나 기술이 있는 게 아니다. 그냥 있는 그대로 솔직하게 나 자신을 내보이면 된다. 사실 다른 사람들과 자꾸 엉키고 얼굴 붉히는 이유를 잘 살펴보면 자신의 감정을 과장하거나 속이고 있기 때문인 경우가 많다.

그것을 깨달은 후부터 나는 내가 느끼는 감정에 충실하려고 노력한다. 그것이 상대와 문제를 푸는 열쇠인 동시에 감추고, 참고, 포장하는 것보다 훨씬 쉽기 때문이다. 하지만 내가 이렇게 내 감정에 솔직하게 된 것은 불과 몇 년 전부터였다. 그 전에는 완전 반대였다.

말하지 않는데 어떻게 그 속을 다 알겠는가

나는 누가 시킨 것도 아닌데 어렸을 때부터 내 감정을 솔직하게 표현하지 못했다. "그냥 그래", "잘 모르겠는데……", "아냐, 괜찮아"라며 얼렁뚱땅 상황을 무마하거나 정확한 내 의견을 감추기에 급급했다. 본 마음의 30퍼센트 정도만 내비쳤다고 할까.

이런 성격을 갖게 된 가장 큰 이유는 감정 표현이 부족하고 과묵한 부모님 밑에서 자란 탓도 있지만 천성적으로 소심하고 내성적인 내 기질 탓도 한몫 했을 것이다. 어렸을 때부터 나는 좋고 싫음이 분명하지 않았고, 설령 그것이 분명할 때에도 표현을 하기보다는 상대가 원하는 대답을 찾아 말하곤 했다. 그 중심에는 늘 상대가 나를 어떻게 생각할까 하는 걱정과 두려움이 자리 잡고 있었다.

이런 성격 때문에 나는 사람들과 다양한 관계를 맺으면서 상처를 참 많이 받았다. 그냥 싫으면 싫다고 딱 잘라 거절하거나 좋으면 좋다고 솔직하게 말하지 못하는 것은 생각보다 많은 문제를 불러왔다. 후회가 생겼고, 그런 빈도가 높아졌으며, 오해가 커졌고, 결국 내가 내 감정을 속이게 되는 상황까지 초래했다.

이런 과정을 겪으며 나는 후회를 하더라도 솔직하게 말하고 후회하자는 쪽으로 마음을 고쳐먹었다. 하지만 오랜 습관 탓인지 어느새 상대의 눈치를 살피며 상대가 원하는 대답을 찾고 있는 나를 발견하곤 했다. 그런 내가 밉고 속상했지만 의식적으로 노력하며 꾸준히 연습하자 지금은 비교할 수 없을 만큼 내 감정 표현에 솔직해졌다.

그런데 나 같은 사람이 세상에 적지 않다는 사실을 얼마 전에야 알게 됐다. 한 설문조사 결과에 따르면 직장에서 자신의 감정을 솔직하게 표현하는 직장인은 7% 안팎이라고 한다. 반면 응답자의 79%가 '상황에 따라 감정을 표현한다'고 답했으며 '업무에 적응하느라 감정이 없어졌다'는 응답도 9%나 됐다.

하긴 직장생활을 하다 보면 내 감정보다는 타인의 감정에 더 민감해야 하는 것도 사실이다. 그렇다고 자신의 감정을 잃어 버리면서까지 타인에게 집중해서는 안 된다. 내 뜻과 생각을 스스로 정확히 알고 있어야 타인의 그것에도 맞출 수 있기 때문이다.

직장에서 발생하는 문제들을 가만히 살펴 보면 모두 소통이 잘 안 되거나 부족해서 생긴다. 자신의 요구사항을 정확하게 표현하지 않아서 상대방이 추측하게 되고, 지레짐작으로 상황을 파악하여 사소한 문제가 크게 불거지기도 한다.

가정에서도 마찬가지이다. "우리는 한번도 싸운 적이 없어"라고 자랑하는 부부가 오히려 갈등 상황에 빠졌을 때 더욱 위험하다. 그때그때 솔직하게 서로 간의 갈등을 얘기로 혹은 부부싸움으로 풀어서 조율하는 것이 더 현명하다고 한다.

속상한 일이 있어도 꾹 참으면서 '말하지 않아도 알아주겠지' 하는 기대심리가 상대방에게 더욱 큰 원망을 심어줄 수 있다. 말하지 않는데 어떻게 그 속을 다 알겠는가. 그러다 어느 순간 "어떻게 당신이 나한테 이럴 수 있어?"라고 폭발하는 경우가 부지기수다. 평소에 서로 솔직하게 자신의 감정과 요구사항을 말했다면 작은 충돌은 있었을지언정 큰 싸움으로 번지는 위험은 생기지 않는다. 그 문제가 해결이 되든 아니든 적어도 내 뜻은 정확히 전달했다는 만족감이 생기기 때문이다. 결국 불통은 두 사람 모두를 피해자로 만들어 버리고 만다.

솔직하게, 과감하게, 쿨하게

이유 없이 눈물이 난다거나, 작은 일에도 엄청나게 화를 낸다거나, 무기력하여 아무것도 하기 싫다거나 하는 반응은 모두 내 감정을 들여다보고 해결해달라는 몸의 신호이다.

말로 표현하는 것이 힘들다면, 글로라도 풀고, 소리라도 지르고 울기라도 해서 쌓인 감정을 풀어야 한다.

타인과 잘 소통하기 위해서도 솔직해져야 하지만 우리가 솔직해져야 하는 더 중요한 이유가 있다. 자신의 감정을 솔직하게 느끼고 표현할 때 자신을 조금씩 더 알아갈 수 있기 때문이다. 내가 어떤 말을 들을 때 기분이 상하는지, 어떤 말을 들을 때 기쁘고 행복한지, 어떤 말에 예민해져서 욱하는지, 어떤 단어를 자주 쓰는지, 어떨 때 지루하고 괴로운지 등은 솔직해지지 않으면 좀처럼 파악하기 힘들다. 나는 솔직해지고 난 후, 해석불가능하던 내 감정을 속속들이 파악할 수 있게 됐다.

어떤 일로 화가 날 때 나는 그때 내 감정이 뭔지 정확하게 안다. 실망인지, 화인지, 짜증인지 분간할 수 있게 된 거다. 나는 그럴 때마다 '아, 내가 지금 화가 나 있구나'라는 자각과 함께 재빨리 감정을 추스르기 위해 노력한다. 이런 과정은 무엇 때문에 화가 났는지 그 이유도 모른 채 방치했다가 크게 번질지도 모를 감정적 실수를 막아주는 훌륭한 방패가 되어 준다. 내 감정과 상태를 눈치챌 수 있다는 것은 생각보다 정말 중요하다.

지금까지 감정을 축소하고, 속이느라 늘 마음 한편이 불편했던 사람이 있다면 이제부터라도 솔직하게, 과감하게, 쿨하게 속마음을 드러낼 필요가 있다.

"애, 정말 나는 예전부터 네가 재수 없었어."

물론 상대야 깜짝 놀라겠지만, 꾹꾹 참아온 내 속마음만은 그 어느 때보다 후련할 것이다.

여자들이여, 제발 참고 살지 말아라. 울고 싶으면 울고, 웃고 싶으면 실컷 웃고, 욕하고 싶으면 크게 욕하면서 그렇게 솔직하게 살자.

꿈이 있는 여자는
늙지 않는다

나는 어릴 적부터 말이 어눌하여 거의 말을 하지 못하는 아이였다. 또 뭐가 그리도 슬펐는지 자꾸만 울었던 기억도 난다. 그래서일까. 어릴 적부터 나의 인지능력은 또래에 비해 많이 뒤처졌었다.

여섯 살쯤이었을까? 주변 사람들이 자꾸 나에게 말을 반복해서 물었던 기억이 난다.

"할아버지라고 해봐. 무르팍이라고 해봐."

"하지." "무탁."

몇 백 번을 따라하면서 아무리 노력해도 정상적인 발음이 되지 않자 어린 맘에도 무척 속이 상하고 부끄러웠다. 그러던 어느 날부터인가 사람들이 보지 않는 곳에서 혼자 울게 되었고 점점 말을 하지 않는 아이로 변해갔다.

초등학교 5학년 때는 책을 읽어보라는 선생님의 말씀에 몇 줄을 읽다가 얼굴의 실핏줄이 터져 아직까지 홍조로 남아 있을 정도다. 이렇다 보니 자연스럽게 성격도 소심하고 내성적으로 변해 중학교, 고등학교, 대학교를 통털어 친구라곤 단 몇 명에 불과할 만큼 교우관계도 소극적이었다. 말을 거의 하지 않는 아이였으니 주변에 친구가 있을 리가 없었다. 이런 성격은 성인이 되어서도 쉽게 고쳐지지 않았다.

그런 내가 요즘은 여기저기서 강연을 한다

생각해 보면 참으로 기적 같은 일이 아닐 수 없다.

유치원을 운영하던 어느 날, 교사들이 나보다 훨씬 어리고 전문 지식이 부족한데도 여유롭게 자신의 생각을 말하고 행동하는 것을 보면서 크게 깨달은 바가 있었다. 어쩌면 그렇게도 다들 잘하냐는 내 칭찬에 그들은 모두 "원장님이 더 전문가시고 강연도 잘한다"고 대꾸해주었다.

그날 이후 나는 어쩌면 내가 그동안 내 능력을 너무 무시하며 살았을지도 모른다는 생각이 들었다. 그리고 중요한 일은 내가 꼭 해야 한다는 강박관념을 버리기로 결심했다. 그것을 내려놓아야 더 발전할 수 있을 것 같았다.

이후 나는 유치원의 중요한 판단과 결정을 혼자서 해결하겠다는 생각을 버리고, 여러 선생님들에게 도움을 청했다. 그리고 여러 군데에 시간 강사 지원을 하기 시작했다. 그동안 꾸준히 쌓아 놓은 교육자로서의 스펙과 현장에서의 경험이 합쳐지면 나라고 못할 것이 없겠다는 생각이 들었기 때문이다.

몇몇의 학교를 선택해 연락을 취했다. 그러나 처음에는 대부분 퇴짜를 맞았다. 그럴 때마다 낙심이 이만저만이 아니었다. 하지만 끈기를 갖고 6개월간 꾸준히 노력한 어느 날 겸임교수를 맡아달라는 연락이 왔다. 그뿐만이 아니다. 도서관과 기관에서 특강 요청도 쇄도했다. 정말 꿈만 같았다. 어눌하여 말도 되지 않던 내가 학생들 앞에서 강의를 하는 교수라니.

처음에는 "교수님, 교수님"하며 따르던 학생들의 호칭에도 적응이 잘 되지 않았다. 하지만 점차 학생들 틈에서 지내는 시간이 행복하고 강의를 하는 데도 이력이 붙기 시작했다. 긴장감과 초조함으로 얼어붙었던 입이 조금씩 열리고, 강의준비를 철저히 하는 날이면 스스로 깜짝 놀랄 만큼 훌륭한 강의를 하는 날들도 생겨났다. 밤을 새워 강의준비를 해도 전혀 피곤하지 않았다.

나는 지금은 주임교수가 되어 더 많은 강의를 한다. 젊은이들을 가까이에서 보면서 느끼는 것이 참으로 많다. 요즘 젊은이들의 고민과 생각을 가까이서 접하고, 가끔은 개인적인 고민을 상담해주기도 한다. 수년간 교수로 활동하면서 인맥도 많이 늘었고, 교수님들의 고충과 보람도 어렴풋이 알게 됐다.

'나는 말을 잘 못 해'라는 생각에만 몰입해 있었더라면 절대로 이루지 못했을 꿈 하나를 나는 이렇게 이루었다. 수십 번, 아니 수백 번 마음속으로 포기하고 의심했었다. 괜한 짓을 해서 창피만 당하는 게 아닐까, 내 주제에 무슨 강의냐, 대학강사가 쉬운 일이냐, 유치원 운영이나 잘 해보자는 생각들이 하루에도 수십 번씩 나를 괴롭혔다.

하지만 그때마다 '도전해 보는 것이 도전하지 않고 포기하는 것보다 낫다'는 생각으로 버텼다. 일단 해보고 후회하자는 마음의 끈만은 놓지 않았다.

뭔가를 해보고 싶지만 지금도 망설이고 있는 사람들이 많다. 여행을 가고 싶은데, 더 공부하고 싶은데, 번역을 해보고 싶은데, 장사를 해보고 싶은데, 직업을 바꿔보고 싶은데 등등 사람들마다 마음속으로 미뤄놓은 소망들은 각양각색이다.

나는 그들에게 마음속에서 일어나는 그 욕망들을 미루지 말고 지금 당장 실행해 보라고 말하고 싶다. 해보지 않으면 죽을 때까지 미련이 남고 후회만 쌓인다. 하지만 일단 저질러 보면 그게 정말 자신에게 맞는 일이었는지, 해볼 만한 일이었는지 깨닫게 된다. 무엇보다 해봐야 적어도 죽을 때 후회는 하지 않게 될 것 아닌가.

특히 주부들은 가정이라는 울타리에 묶여 너무 많은 것을 포기하며 산다. 나는 그것이 참으로 안타깝다. 주변을 보면 정말 뛰어난 능력과 소질을 가진 엄마들이 너무 많은데, 정작 본인만 그 사실을 알지 못한다. 아무리 말해줘도 "에이, 제가 무슨"이라며 도전해볼 엄두조차 내지 않는다.

잘 생각해보라. 당신에게는 남들이 흉내낼 수 없는 특별한 소질이 있다. 그것을 끄집어 내려고 하지 않고, 쓰지 않아서 깨닫고 있지 못하고 있을 뿐이다. 누구나 성장할 때 뭔가에 소질이 있다는 말을 듣고 살지 않는가. 그것이 제아무리 별거 아닌 것 같아 보여도 말이다.

얼마 전 저녁을 먹고 설거지를 할 때였다. 무심히 켜둔 라디오에서 흘러나오는 노래가사가 귀에 딱 꽂혔다.

"꿈은 버리고 두 팔은 딱 붙이고…… 살아가야 하는데."

이게 대체 무슨 소린가. 정말 꿈을 버리고 몸을 낮추고 사는 게 미덕이 되는 그런 때가 정해져 있는 걸까. 안타까웠다. 중년으로 접어들고부터 꿈에 대해 말하는 사람을 눈씻고 찾아봐도 찾기 어렵다. 꿈이 없어서인지, 아니면 단지 그 나이에 꿈에 대해 말한다는 게 쑥스러워서인지 모르겠지만 마음 놓고 꿈 이야기를 나눌 수 없다는 건 내게 참 섭섭한 일이다.

도대체 마흔 이후의 우리 몸과 마음에서는 무슨 일이 벌어지고 있기에 꿈조차 꿀 수 없게 꽁꽁 묶어 버리게 되는 걸까? 나이 들면 꿈을 꾸기보다는 지금 가진 것에 만족하며 살아야 할까? 변화가 힘들다고 속삭이는 목소리는 누구의 것인가? 진짜 내가 그렇게 생각하는 것일까? 아니면 남들이 만들어 놓은 고정관념일까?

내 강연에는 주부들이 많이 찾아온다. 그래서 강연 때마다 빼

놓지 않고 꼭 하는 말이 있다.

"아무리 열심히 일해도 지금 하고 있는 일에서 보람이나 성취감을 찾을 수 없다면 인생이 무미건조하지 않을까요? 먼저 자신의 꿈을 찾고 하는 일에서 의미를 찾으세요."

벽에 적어 놓은 나의 꿈 목록

남편과 아이들은 그들만의 꿈과 인생이 있다. 그들만 바라보는 못난 망부석이 되어선 안 된다. 지금부터라도 내 인생을 챙기자. 오늘 당장 앞으로 어떤 일이 있어도 실현하고 싶은 가슴 뛰는 꿈을 찾아보자.

꿈이라고 해서 꼭 거창할 필요는 없다. 인류평화를 꿈으로 삼는 사람은 드물 테니까. 구체적인 목표가 있지 않아도 상관없다. 죽을 때 후회가 없다면 그 사람은 적어도 꿈은 이룬 사람일 테니까.

나는 올해도 예년처럼 새로운 꿈의 목록을 적어 벽에 붙여 놓았다.

1. 2013년 목표를 매일 아침, 저녁 두 번씩 복창하기

2. 몸무게 52kg 만들기

3. 운동(걷기 혹은 수영) 매일 60분 하기

4. 탄력 있는 피부를 가꾸어 건강미인 되기

5. 큰소리로 하루 50번 손벽 치며 웃기

6. 한양대학교 일반대학원 교육학과 박사 논문쓰고 졸업하기

7. 정리정돈 후 명상하기

8. 어려운 사람 5명 돕기

9. 올해 최고의 책 출간하기

10. 베스트셀러 작가되기

11. 매월 2회 이상 특강하기

12. 방송 출연 4회 하기

13. 책쓰기 클럽, 독서클럽 만들어 운영하기

14. 해외여행 1회, 국내여행 2회 다녀오기

15. 행복한 가족으로 관계 개선하기

16. 남편 내조하며 믿음과 존경심 갖기

17. 부모님께 기쁨을 드리며 효도하기

18. 자식을 위한 기도하기

19. 목표 실천가 되기

20. 내 마음의 힐링으로 스트레스 날리기

어떤가. 너무 유치한 것도 있고 너무 거창한 항목도 있을 것이다. 하지만 나는 이 중에 단 몇 가지만 달성하여도 하지 않은 것보다는 훨씬 낫다고 생각한다.

미국 자동차산업의 대부라 불리는 찰스 키터링은 80세가 넘어서도 새로운 기계를 발명하는 데 열중했다. 여든세 번째 생일을 맞이했을 때 "이제는 연구를 중단하고 좀 쉬시라"는 아들의 이야기에 이렇게 말했다고 한다.

"오늘만 생각하는 사람은 흉하게 늙는다. 나는 항상 미래를 바라본다."

나이를 떠나 꿈과 희망을 잃는 순간 늙기 시작한다. 그러면서 기다리는 것은 단 하나, 죽음뿐이다. 오스트레일리아의 호스피스 병동에서 일하는 한 간호사는 자신이 만난 환자들과의 경험을 바탕으로 『죽을 때 가장 후회하는 다섯 가지』라는 책을 써 화제가 됐다. 우리에게도 널리 알려진 베스트셀러이다. 그 책을 보면 임종의 순간 가장 많이 하는 후회하는 것은 바로 이런 것이다.

첫째, '내 뜻대로 살 걸.' 남의 시선이나 기대에 맞춰 사느라 하고 싶은 것을 누리지 못했다.

둘째, '일 좀 덜 할 걸.' 대부분 남성 환자들의 경우 다람쥐 쳇바퀴 돌듯 일에 파묻혀 사느라 자식의 어린 시절과 아내와의 따뜻한 가정생활을 놓쳤다.

셋째, '화 좀 더 낼 걸.' 좋은 관계를 지키려고 자신의 감정을 너무 숨기고 살아 분노해야 할 때 분노하지 못했다.

넷째, '친구들 챙길 걸.' 오랜 친구들과 조금 더 많은 시간을 보내지 못했다.

다섯째, '도전하며 살 걸.' 현실에 안주하느라 모험적인 삶과 변화를 추구하는 삶을 살지 못했다.

나는 다섯 가지 중 두 가지가 가장 마음에 와 닿았다. '내 뜻대로 살 걸'과 '도전하며 살 걸'이다. 누군가를 배려한다는 명목으로 가슴이 시키는 대로 살지 않고, 실패가 두려워 도전하기도 전에 포기한 결과로 후회와 막막함만 남는다면 너무 억울하지 않을까 싶어서였다. 그래서인지 나는 늘 나 자신에게 묻는다.

"넌 이대로도 좋니? 정말 행복하니?"

죽을 때 후회하지 않기 위하여

2008년 동아일보 8월 14일자 칼럼 〈오늘과 내일〉에 '어느 95세 어른의 수기'라는 제목으로 소개된 글이다. 마음에 울림이 있어, 자주 들여다 보곤 한다.

"나는 퇴직 후 '이제 다 살았다, 남은 인생은 그냥 덤이다' 그런 생각으로 그저 고통 없이 죽기만을 기다렸습니다. 덧없고 희망이 없는 삶……. 그런 삶을 무려 30년이나 살았습니다. 30년의 시간은 지금 내 나이 95세로 보면 3분의 1에 해당하는 기나긴 시간입니다. 만일 내가 퇴직할 때 앞으로 30년을 더 살 수 있다고 생각했다면 난 정말 그렇게 살지는 않았을 것입니다. 그때 나 스스로가 늙었다고, 뭔가를 시작하기엔 늦었다고 생각했던 것이 큰 잘못이었습니다. 나는 지금 95세지만 정신이 또렷합니다. 앞으로 10년, 20년을 더 살지 모릅니다. 이제 나는 하고 싶었던 어학 공부를 시작하려 합니다. 그 이유는 단 한 가지. 10년 후 맞이하게 될 105번째 생일날! 95세 때 왜 아무 것도 시작하지 않았는지 후회하지 않기 위해서입니다."

또 극지탐험가 엘링 카게는 저서 『생각만큼 어렵지 않다』에서 다음과 같이 말했다.

"사람은 늙고 나이 들어서 새로운 도전에 대한 꿈을 중단하는 것이 아니라, 새로운 도전에 대한 꿈을 접을 때 늙는다. 만약 꿈이 없다면 나는 나도 모르는 사이에 천천히, 그러나 확실히 나이들어 더 많이 시들어 버릴 것이다."

이유 없이 눈물이 난다거나,
작은 일에도 엄청나게 화를 낸다거나,
무기력하여 아무것도 하기 싫다거나 하는 반응은
모두 내 감정을 들여다보고 해결해달라는 몸의 신호이다.

Story_3

죽을 때까지

사랑하고,

사랑받기 위하여

무슨 딴짓을 해볼까

궁리를 하는 것만으로도

인생은 몇 배나 더 행복해진다

01 /

여자는
딴짓할 때 행복하다

나는 여자들에게 딴짓하기를 강력하게 권한다. 딴짓이라고 하니 괜히 이상한 것을 상상할 수도 있겠으나, 전혀 아니다. 남편 몰래 주식을 한다든지, 바람을 피우는 것은 일탈이지 딴짓이 아니다. 내가 말하는 딴짓이란 평소에 하지 않던, 아니 하지 못한다고 생각했던 소소한 일들을 찾아서 하는 것, 또는 저질러버리는 것을 뜻한다. 쉽게는 뭔가를 배워볼 수도 있을 테고, 평소 하고 싶던 일을 해보는 것일 수도 있고, 괜찮다면 지금까지의 일상을 180도 뒤집는 일도 좋은 딴짓이다.

20여 년 교직생활을 마치고 남들보다 조금 일찍 퇴직한 선배가 있다. 일을 그만둔 얼마 뒤부터 꽤나 심심했는지 부쩍 자주 전화를 걸어 놀아주기를 청했다. 하지만 나는 일이 바빴고 그렇게 놀아주는 것도 한계가 있어 얼마 후부터는 일부러 전화를 피하기도 했다. 그러던 어느 날 선배로부터 문자 한 통이 도착했다.

'댄스 공연 초대! ○일 ○시 ○○공연센터'

나는 내 눈을 의심했다. 교사로 평생을 살아온 그녀는 댄스장 근처에도 가보지 못한 순둥이에다가 소위 '사회모범층은 바로 이런 것이다'라는 것을 증명하는 사람인 양 살아가는 전형적인 범생이었다. 그런 그녀가 댄스 공연이라니.

서둘러 전화를 걸었더니 "네가 그랬잖아. 이제 제발 범생이 타이틀 버리고 딴짓 좀 하라고. 그래서 나 딴짓 시작했어. 완전 행복해! 꼭 와서 봐야 해, 꼭!"

그제서야 그녀를 만날 때마다 '딴짓하라'고 부추겼던 생각이 났다. 소심하고 모범적인 그녀의 삶에 또 다른 충전제가 될 수 있을 것 같아 몇 번 해준 말을 그녀는 진짜 과감하게 실행에 옮겼던 것이다. 안타깝게도 나는 일이 바빠 그녀의 공연에 가보지 못했다. 대신 그녀의 마음처럼 환한 꽃바구니를 보내 축하의 마음을 전했다.

날 위해 한 달 정도 고생도 못해?

주위에 '딴짓'을 하는 사람들을 보면 한 가지 공통점이 있다. 하나같이 삶의 여유가 느껴지고 즐거움과 기쁨, 활력이 크다는 점이다.

두 아이의 엄마인 진경이 또한 아이들과 남편만을 바라보며 살아온 평범한 주부였다. 하지만 대학 나와 놀고먹기 쑥쓰럽다며 시작한 번역은 그녀에게 삶의 윤활유이자 자신감이 되었다. 늘 집안일과 아이들 일에 매여 있던 그녀는 번역일을 하고 나서부터 달라졌다. 두 아이가 어느 정도 자라자 그녀는 남편에게 선전포고를 하고 1년에 한 달은 무조건 여행을 다닌다. 처음엔 반발하던 남편도 이제는 그러려니 하며 여행가방 싸는 걸 거들어 준단다. 그러고 보면 역시 남편도 길들이기 나름인 모양이다. 결혼 10년차에 네팔 트레킹을 다녀왔다고 자랑하는 그녀.

그녀는 돈 없고 시간 없어서 여행을 못 간다는 내 편견을 한 방에 날려 버렸다. "애들과 남편은 어떻게 하고 그럴 수 있어?"라고 묻자 그녀는 실로 놀라운 대답을 들려 주었다.

"나도 그들을 위해 일 년 내내 희생했는데, 날 위해 한 달 정도 고생도 못해?"

나는 밝은 웃음을 되찾은 그녀의 이 건강한 딴짓과 용기를 응원한다.

그녀의 딴짓이 다소 과감한 반면 소박한 딴짓으로 행복을 되찾은 사람도 있다. 바로 나의 경우다. 일과에 치여 집에 가면 뻗기에 급급하던 몇 년 전, 나는 대청소를 하다가 우연히 10년 전 일기장을 발견했다. 조금은 낡은 그 일기장엔 내가 까맣게 잊고 지냈던 기록들이 생생하게 살아 있었다. 한줄 한줄 읽으며 떨렸고 웃었고, 행복했다.

그날부터 나는 아무리 피곤해도 자기 전에 꼭 일기장 앞에 앉는다. 졸린 눈을 비비며 스탠드가 켜진 책상에 앉아 일기를 쓰다 보면 생각보다 이 시간이 참 소중하다는 것을 깨닫게 된다. 여기저기서 들려오던 나를 찾는 소리도 사라지고, 뭘 해달라는 남편과 아이들의 요구도 사라진 시간. 오늘 내게 벌어진 일들을 되새기는 것만으로도 정신없이 보낸 하루를 다시 사는 느낌을 준다. 이제는 그 시간이 슬슬 기다려지기까지 한다.

일기를 쓴다는 행위는 하루하루를 기록하는 것 외에 또 다른 선물을 안겨준다. 한번 일기장을 펴고 펜을 들고 백지 위에 앉아 보라. 생각지도 못한 감정과 마주할 수 있다. 묵혀 두었던 원망

과 아픔이 화산처럼 폭발할 때도 있고, 돌아가신 부모님 생각에
목이 멜 때도 있다. 평소 신경쓰지 못했던 사람들의 소중함이 새
록새록 되살아나기도 하고 어느 날은 그토록 떠오르지 않던 아
이디어들이 줄줄이 생각나 빈 노트를 금세 가득 채우기도 했다.
하지만 무엇보다 오롯이 나로 돌아간 그 시간, 나는 이만큼 실속
있게 혼자 할 수 있는 딴짓을 알지 못한다.

아름다운 딴짓들

잘 생각을 안 해서 그렇지 조금만 돌아보면 우리가 일상 생
활에서 할 수 있는 딴짓은 생각보다 무궁무진하다. 당장 생각나
는 것 몇 개만 적어보자.

· 혼자 여행 떠나기

· 남편에게 혹은 나에게 편지쓰기

· 악기나 댄스 등 취미학원 등록하기

· 1년에 100권 책읽기

· 나만의 책 한 권 쓰기 도전

· 매일 1시간 운동하기

· 자매나 엄마(없다면 속을 터놓을 수 있는 친구들)와 2박3일 여
  행가서 맘껏 수다 떨기
· 한달에 한번 멋지게 차려입고 쇼핑 또는 외식하기
· 처녀 때 품었던 꿈에 도전해보기
· 새벽에 일어나 공부해보기
· 좋아하는 연예인의 팬카페에 가입하여 팬미팅 가보기
· 가족상담 신청하기
· 아이들 맡기고 남편과 단둘이 여행가기
· 10년에 한번은 명절에 해외여행 가기
· 한번쯤 아이와 끝장토론 담판 짓기
· 야생화 집에서 키우기
· 단짝친구와 배낭여행가기
· 인문학 강좌 신청하여 들어보기
· 오로지 자신만을 위한 딴주머니 만들기
· 백팔배 혹은 오십배를 매일 한달만 해보기
· 부동산 투자, 경매투자 배워보기
· 되든 말든 이력서 넣어보기
· 마사지 받으러 가기
· 나이 신경 쓰지 않고 클럽가기

· 몸매와 건강관리에 과감히 투자하기…….

여자들이 인생에서 가장 후회하는 것

어떤가. 수많은 딴짓 중에 내가 실천하기 쑥쓰러운 것도 있고, 지금 당장 시작할 수 있는 것도 있을 것이다. 어쩌면 생각만 하고 미뤄둔 것, 오글거려서 도저히 해볼 엄두가 안 나는 것도 많을 것이다.

하지만 더 이상 주저하지 말고 이중에서 꼭 하고 싶은 것 몇 개만 해보라. 정말이지 놀랄 만큼 생활에 활력이 생기는 것을 확인할 수 있을 것이다.

나는 인생의 가장 큰 딴짓은 뭐니뭐니해도 뭔가를 배우는 거라고 생각한다. 평소 모르던 세상을 배우고 아는 것은 다른 어떤 자극보다 강렬하고 달콤하다. 배우면 배울수록 중독성도 커서 한번 배움의 세계를 제대로 경험하고 난 사람은 평생 새로운 배움을 찾아다니게 되어 있다. 배움이라는 딴짓을 하면 지금까지 알지 못하던 딴 세상을 만나게 된다.

최근 한 온라인 커뮤니티 게시판에 '가장 많이 하는 후회'라는 제목의 게시물이 화제가 된 적이 있다. 이 조사에 따르면 여자들이 인생에서 가장 후회하는 일 1순위를 꼽으라 했더니 다음과 같은 결과가 나왔다고 한다.

10대: 공부 좀 할걸

20대: 공부 좀 할걸

30대: 공부 좀 할걸

40대: 공부 좀 할걸

50대: 애들 교육에 신경 더 쓸 걸

60대: 애들에게 더 잘할 걸

70대: 배우고 싶었는데 배우지 못한 것

나도 이 조사결과를 처음 접했을 때 무척이나 놀랐다. 공부하지 못한 후회가 여자들에게 이렇게나 큰 후회로 남았을 줄은 상상도 하지 못했기 때문이다.

다시 말하지만, '여자는 딴짓할 때 행복하다'

지금부터라도 늦었다고 생각하지 말고 나의 가슴을 뛰게 하는 딴짓을 할 궁리를 시작해보자. 무슨 딴짓을 해볼까, 상상을 하는 것만으로도 지금보다 두 배는 더 즐거워질 것이다.

02

내가 하고 싶은 일에
양보란 없다

6년 전 갑자기 주체할 수 없을 정도의 공허함 때문에 죽을 만큼 괴로웠던 기억이 있다. 그때 내 마음속을 채웠던 물음은 '도대체 내 인생은 무엇일까'였다.

껍데기.

맞다. 그때 내가 느낀 감정은 정확하게 이것이었다. 내 껍질을 열두 번쯤은 벗기며 헌신한 것 같은데, 정작 알맹이는 온 데 간 데

없고 껍데기만 남아 있었다. 그것도 쭈그러지고 쓸모없어진 빈
껍데기.

평소보다 친구들도 자주 만나고, 책도 많이 읽고, 무작정 강
좌도 찾아다니며 허한 마음을 달래기 위해 필사적으로 노력
했다. 하지만 쉽사리 마음은 잡히지 않았다.

꿈이 담긴 자격증을 따다

6개월 쯤 지났을 때 내가 선택한 해결책은 바로 자격증 취득
이었다. 2006년 1월부터 나는 '올해 10개의 자격증을 따자'라는
도전 목표를 정했다. 직장과 가정을 챙기며 대학원을 다니는 것
만으로도 충분히 벅찼지만 이렇게라도 하지 않으면 공허한 마
음이 떨쳐지지 않을 것 같았다.

직장에서 일하고 퇴근한 후엔 밤을 꼬박 새워가며 공부하는
날도 많았다. 잠도 부족하고 체력적으로 힘들 때도 많았지만, 나
와의 약속을 지키고 싶은 욕심에 무조건 해보자는 오기 하나로
버텼다.

마침내 1월 말부터 자격증을 하나씩 취득하기 시작했다.
워드프로세서 1,2,3급, 마이크로소프트사의 국제 자격증인

Microsoft Power Point 2000, Outlook 2000, Word 2000 Expert, Excel 2000 Expert 4개를 취득했다. 그리고 Microsoft Office 2000 MASTER 국제 자격증까지 취득했다. 이 자격증에 통과할 때는 젊은 학생들도 통과하기 쉽지 않은 시험을 통과했다며 기립박수를 받기도 했다. 쑥스러워 얼굴이 붉어지고 순간 눈물이 핑 돌았다.

내친김에 나는 한식조리기능사, 조리사면허증, 가베지도자 1급, 보육교사 1급, 유아언어치료사 1급·2급, 유아놀이치료사 1급·2급, 체육치료사, 특수체육지도사, 가정복지사, 심리상담사, 유아체육교사, 특수체육교사, 노인복지사, 사회복지사, 평생교육사 등의 자격증에도 도전했다.

처음에는 10개였던 목표가 20개가 되었다. 그리고 웃음치료사, 펀리더십지도사, 레크레이션지도사, 아동미술지도사, POP 2급, 폼아트 2급, 논술교사, 풍선아트, 동화구연전문가 등 총 50개의 자격증을 가지게 되었다.

자격증을 취득하는 동안 나는 나를 억누르고 있던 부정적 기운이 점점 내 몸에서 빠져나가는 것을 느꼈다. 종이 한 장에 불과한 자격증 하나 하나를 받아들 때마다 새로운 생명의 기운이 내 몸으로 전해져 오는 것을 느꼈다. 자격증을 취득하는 동안 매일 3~4시간 이상 잠을 잘 수 없었지만 내 정신은 더욱 또렷하게 빛났다.

그리고 그 자격증들이 결국 나와 내 인생을 완전히 바꿔 주었다. 보고만 있어도 어찌나 뿌듯하고 행복한지 처음에는 유치원 원장실에 하나씩 걸어 놓으려고 했다. 하지만 굳이 그럴 필요가 없었다. 벽면에 걸어 자랑하지 않아도 내 마음 속에는 이미 '정말 나는 대단해', '내가 못 할 일은 없어'라는 자부심과 자존감이 든든하게 자리했기 때문이다.

지금 나는 그 50개의 자격증 덕을 톡톡히 보며 산다. 복잡한 서류를 작성할 때, 맛있는 요리가 필요할 때, 강의를 할 때 등 언제 어디서나 내가 필요한 부분에 활용할 수 있기 때문이다. 무엇보다 기쁜 것은 내가 주도적으로 목표를 세우고, 그것들을 해내면서 보람을 느꼈다는 사실이다. 그건 마치 내 인생의 운전대를 내가 잡아 원하는 방향으로 자유롭게 운전하는 기분이다. 이제는 어디라도 목적지만 정하면 그대로 신나게 달릴 수 있을 것 같은 자신감이 샘솟는다.

얼마 전 방영했던 화제의 드라마 〈아내의 자격〉이 생각난다.

정신없이 바쁜 와중에도 꼭 챙겨볼 만큼 난 이 드라마의 열혈 애청자였다. 중년 여성이라면 누구나 한 번쯤은 자기 자신에게 던져 봤을 '내 인생 다시 시작하기엔 이미 늦었을까'라는 물음을 주제로 했기 때문일 것이다. 드라마의 주인공 윤서래는 어느 날 후회해도 어쩔 수 없다며 자신을 지탱하던 삶의 기둥을 송두리째 뽑아 버린다. 남들이 보기엔 조금 정신 나간 선택처럼 보였을 테지만 그녀는 과감하게 그것을 실행했다. 나는 서래의 열정에 박수를 보내며 응원했다. 하지만 누군가는 이렇게 말할지도 모른다. 그건 그냥 드라마일 뿐이라고. 실제로는 불가능한 삶이라고. 정말 그럴까?

꿈을 찾는 여자는 생기가 넘친다

올해로 결혼 10년차인 후배가 있다. 지금은 몇 권의 저서를 펴내고 전국을 종횡무진하며 돌아다니는 명강사이지만 처음엔 그녀의 도전도 결코 쉽지 않았다.

그녀는 강사가 되겠다고 선언하자마자 남편의 완강한 반대에 부딪혔다. 강의를 하러 다니다 보면 아이들 교육문제와 집안일에 소홀해질 것이라는 이유에서였다.

하지만 그녀는 자신의 의지를 굽히지 않았다. 소중한 꿈을 잃고 싶지 않았던 그녀는 남편과의 오랜 투쟁 끝에 자신의 뜻을 이룰 수 있었다. 후배의 남편은 지금 누구보다 든든한 지원자가 되었다. 그녀는 자신이 하고 싶은 일을 하면서 열정을 되찾았고, 그 기쁨은 고스란히 가족들에게 전해졌다. 그녀가 지방으로 며칠 강의를 가면, 남편은 아이들 뒷바라지를 해주면서 직장을 다닌다. 그녀 역시 피곤하다는 핑계로 집안일을 소홀히 하지 않고, 강의가 없는 날은 어김없이 가족을 위해 시간과 애정을 쏟는다.

여자가 꿈을 이루기 위해 노력하는 것은 결코 이기적인 행동이 아니다. 꿈을 찾는 여자는 생기가 넘치고, 꿈을 이룬 여자는 행복하다. 꿈꾸는 여자야말로 행복한 가정의 원동력이 되는 것이다.

누구나 후회 없는 인생을 원한다. 하지만 살다 보면 반드시 후회하는 순간이 찾아온다. 돌이킬 수 없는 후회도 있고, 잠깐씩 찾아오는 회환도 있을 것이다.

하지만 죽기 전에 가장 큰 후회를 하지 않기 위해, 여자들이 잊지 말아야 할 것이 있다. 바로 자신의 인생을 나몰라라 한 채 가족에게 헌신하는 인생만을 살면 절대 안 된다는 점이다.

오죽하면 '헌신하는 여자는 헌신짝이 된다'는 말이 있을까? 주위를 둘러보라. 자식과 남편에게 다소 까칠하게 굴고 이기적인 여자가 오히려 사랑도 받고 떵떵거리며 산다. 이런 여자는 아이와 남편의 꿈을 마치 자기 꿈인 양 착각하지 않는다. 오히려 냉정하게 구분할 줄 안다.

내 꿈이 가장 소중하다

언제부턴가 내 삶에 내가 빠져 있다는 생각이 든다면 오늘부터 주문을 외워보자.

'네 꿈은 네 꿈, 내 꿈은 내 꿈이다.'

내 꿈은 내 것이니, 내 행복도 내가 챙기겠다며 활기차게 사는 여자들의 마음에는 상실감과 절망감이 들어올 틈이 없다. 오랫동안 잊고 지낸 꿈도 떠올려 보고 취미생활도 시작하면서 삶이 주는 선물을 마음껏 즐겨봐야 한다. 당신의 지난 인생이 재빨리 지나간 만큼 앞으로 남은 인생도 눈 깜빡할 사이에 지나갈 것이기 때문이다.

그러니 다시는 이런 후회가 들지 않도록 지금부터라도 온전히 나를 위해 살아보자.

왜? 지금 삶을 온전히 즐기지 못하면 시간이 지날수록 내 삶은 내 것이 아닌 다른 누군가의 것이 되고 말기 때문이다.

03

내 가슴을
다시 두근거리게 하는 것들

며칠 전 '내 가슴을 다시 뛰게 하는 것들'이라는 주제로 특강을 진행했다. 나이가 들었다고 주눅 들지 말고, 우물쭈물하지 말고 지금 당장 자신의 가슴을 뛰게 하는 뭔가를 시작해 보라는 것이 이날 강연의 요지였다. 초롱초롱 빛나는 참석자들의 표정을 보니 강연이 성공했다는 뿌듯함이 밀려왔다.

강연을 마치고 나오려 할 때 한 중년 여성이 다가와 말을 걸었다.

"교수님, 가슴이 뻥 뚫린 것 같은 공허함을 느낀 지가 너무 오래 됐습니다. 강연을 듣고 평소 해보고 싶던 살사댄스를 배워보려고 하는데 남편이 강하게 반대할 것이 뻔해요. 어떡하죠?”

나는 그분께 지금 당장 살사댄스 학원에 찾아가 등록하라고 말했다. 남편이 심하게 반대할 것 같으면 몰래라도 일단 저질러보라는 말도 덧붙이며. 그리고 그동안 가족 뒷바라지한 세월이 몇 년인데 춤 하나 내 맘대로 추지 못하면 되겠냐고 되물었다. 인생의 절반을 더 산 나이에 엄청난 욕심도 아니고 춤 한번 추는 것까지 포기해야 한다면 너무 허무한 인생이 아닌가.

‘중하인생(中下人生)’이란 말이 있다. 나이 마흔이 넘었으나 무엇 하나 내세울 게 없는 인생을 가리키는 말이다. 사실 많은 사람들이 중하인생에서 벗어나지 못하며 살고 있다. 공허하고 우울하다고 말하는 많은 사람들이 아마 내세울 것 없어 보이는 현실을 그렇게라도 자조하고 있다고 생각된다.

내 삶을 다시 그리기 시작하다

남들과 똑같이 허무감이 진하게 밀려왔던 때, 나는 그것이 어떤 신호인지 잘 알고 있었다. 계속 이렇게 살다가는 언젠가 분명 한 번은 찾아오리라 예감했던 그런 감정이었다. 그것은 진작부터 하고 싶던 일을 더는 미루지 말라는 마음의 명령이었다.

당장 유화 그리기에 도전했다. 유화를 그리는 작업은 정말 색다른 경험이었고, 메마른 가슴을 뛰게 하기에 충분했다. 우연히 개인 화실을 운영하고 있는 친구를 따라 작업실을 구경하고 그녀의 전시회에 다녀온 후로 나는 줄곧 언젠가는 내 그림을 한 번 그려봐야겠다는 꿈을 꿔왔었다. 친구의 작업실에서 번져나던 물감 냄새와 전시회장에서 여러 사람들에게 그림을 설명하던 친구의 모습을 잊을 수가 없었다.

친구는 그런 내 마음을 읽었는지 며칠 후 자신이 아끼던 이젤 하나를 선물로 보내왔다. 그림을 전문적으로 배운 적도 없이 그저 그림을 그리고 싶다는 욕심만 있었기에, 친구의 성의에도 불구하고 한쪽으로 치워놓고 말았었는데 드디어 때가 온 것이었다.

그날부터 나는 매일 밤 거실에 이젤을 세워두고 작업용 앞치마를 두른 채 그림을 그리기 시작했다. 누구에게도 배운 적이 없었기에 순전히 마음의 느낌을 따라 한 획 한 획 정성을 기울였다. 가끔 궁금한 것이 생기면 책을 보거나 친구에게 전화를 걸어 물어가며 유화 네 점을 완성했다. 내가 봐도 어디 내놓기 민망할 정도로 우스꽝스러운 수준이었지만 나는 흡족했다. 온전히 내 세계에 취하고, 물감 냄새에 취했던 그 시간은 바람 빠진 풍선 같았던 내 생활에 큰 활력소가 되었기 때문이다.

달리면서 깨닫게 된 것들

그 즈음 새로 시작한 한 가지가 더 있다. 자전거를 타기 시작한 것이다. 분당 집 앞의 탄천길을 따라 1시간 30분 정도를 달리면 한강에 도착한다. 어설픈 실력으로 그곳에 도착하면 온몸이 땀으로 흠뻑 젖을 만큼 힘이 들었지만 말로 표현하기 힘든 성취감이 밀려왔다. 순간 나도 모르게 '인생은 정말 행복하다', '인생은 한번 살아볼 만하다'라는 생각이 들었다.

참 이상했다. 겨우 자전거 한두 시간 탄 것뿐인데 마음가짐이 몇 시간 전과는 너무 달라졌으니까. 그 후로 나는 마음이 힘들 때면 의식적으로 몸을 움직이려고 노력한다. 몸 상태가 달라지면 마음 상태도 덩달아 달라진다는 것을 깨달았기 때문이다.

마라톤도 그렇게 시작했다. 마흔이 넘어 몸이 내 맘대로 따라주지 않는다고 느꼈을 때, 나는 몸 탓을 하는 대신 과감하게 마라톤을 시작했다. 풀코스는 너무 무리다 싶어 하프마라톤을 목표로 조금씩 준비했다. 처음에는 1킬로만 달려도 숨이 차던 것이 조금씩 거리를 늘려갈수록 탄력이 생기고 즐거워지기 시작했다. 나는 내친김에 대회에도 신청해 이미 여러 차례 하프마라톤을 완주한 기록을 갖고 있다. 그리고 틈만 나면 주변 사람들에게 마라톤을 권한다. 내가 했던 어떤 운동보다 많은 것을 배우고 얻었기 때문이다.

마라톤은 정말 좋은 운동이다. 달리다보면 몸의 호르몬이 바뀌어 스트레스가 사라지고, 평소 머리 아프게 했던 고민도 깨끗이 정리된다. 어디 그뿐인가. 여러 번 포기하고 싶은 마음과의 치열한 싸움에서 이기고 완주했을 때의 그 진한 기쁨은 다른 어떤 것과도 비교할 수 없다.

마라톤을 하면서 가장 크게 배운 것은 인생이 마라톤과 같다는 이치다. 마라톤을 직접 해보면 생각만으로는 절대로 알지 못할 큰 깨달음이 찾아온다. 매순간이 나와의 싸움이며, 몇번이고 포기하고 싶을 때를 견뎌낸 후 느껴지는 나에 대한 믿음과 자신감은, 해보지 않고는 도저히 말로 설명하기 어렵다. 마라톤을 하면서 인생을 더 깊이 이해하고 성숙해졌으며, 더 잘 살아갈 힘을 얻었다 해도 과언이 아니다.

가슴을 두근거리게 하는 일이라고 해서 특별한 것만은 아니다. 그것을 할 때 기분이 좋고, 힘이 생기고, 평소와는 다른 어떤 기분이 느껴진다면 그것으로 족하다. 나아가 그것이 나 외에 다른 사람들에게도 힘이 되는 일이라면 더 보람이 있을 것이다.

99℃가 아닌 100℃로 사는 사람

나는 개인적으로 한비야 씨를 참 좋아한다. 따로 설명이 필요하지 않을 만큼 유명한 그녀다. 여행이 낯선 시절에 용감하게 세계여행을 하더니 여행에서 얻은 깨달음으로 국제구호단체에서 일했고, 40이 넘은 나이에 더 큰 일에 도전해보겠다며 외국으로 유학을 떠난 그녀.

한창 매너리즘에 빠질 나이에 그녀는 유학을 가서도 도서관에 붙박이로 살 만큼 공부벌레로 살았다고 한다. 1년 넘게 아침 8시부터 새벽 1시까지 도서관에 있었다니, 참 대단한 사람이다. 그녀가 얼마나 공부벌레였는지 보여주는 이야기가 있다. 그녀가 매번 앉던 3층 도서관 두 번째 좌석은 가끔 비어 있어도 "저기는 비야 언니 자리야"라면서 아무도 앉지 않을 정도였다고 한다.

그녀의 도전은 나날이 넓어지고 깊어지는 것 같다. 그녀의 책을 보다가 깜짝 놀랐다. 이미 대한민국 많은 젊은이들의 롤모델이기도 한 그녀는 수많은 현장과 학교를 오가며 아직도 자신의 롤모델을 만나고 있다고 고백하지 않는가. 몇 년 전 한 신문에서 읽었던 그녀의 신년 메시지는 아직도 강한 인상으로 남아 있다.

"자신의 한계를 단정하지 마세요. 저는 나이 오십에도 큽니다."

나는 한비야 씨야말로 99℃가 아닌 100℃로 사는 사람이라고 생각한다. 저렇게 산다면 곧 죽어도 후회가 없을 것 같다. 타인에게 보여 주기 위한 삶이 아니라 온전히 자신을 위한 진짜 인생을 살기 때문이다.

인생, 한 번 살아볼 만하다. 절대 나이라는 틀에 자신의 가능성을 가두어선 안 된다. 열정이 이끄는 대로, 가슴이 시키는 대로 행동해야 후회가 없다. 실수를 두려워하기보다 오히려 멋진 실수를 해야 한다. 그리고 그 실수에서 얻는 교훈을 통해 한층 성장하면 된다.

나는 나뿐 아니라 더 많은 사람들이 99℃가 아닌 100℃로 살아가길 바란다. 한 번뿐인 인생, 아끼고 주저할 것이 아니라 완전히 태워 연소될 때까지 열심히 사용하라고 말하고 싶다. 마지막으로 작가 브로니 웨어의 이런 말을 들려주고 싶다.

"인생은 선택. 그리고 이 인생은 당신의 것. 의식적이고 현명하며 솔직하게 당신의 인생을 선택하라. 행복을 선택하라."

죽을 때까지 사랑하고,
사랑받기 위하여

나를 성장시키는 분야의
책을 읽어라

오랜만에 맞은 한가한 주말 아침, 친구에게서 전화가 왔다.

"오늘 뭐할 거야?"

"그냥 집에 있으려고."

"딱히 할 일 없으면 나랑 백화점 안 갈래?"

"아니, 오늘은 책이나 읽으며 쉴래. 다음에 가자."

"어머, 이렇게 날씨가 좋은데 청승맞게 무슨 책이니?"

딸칵.

전화를 끊고 베란다에 나가 하늘을 쳐다보니 정말이지 날씨
가 무척 청명했다. 이렇게 좋은 날씨에, 그것도 황금 같은 주말에
집에서 책이나 보겠다는 내 말이 친구에게는 이해가 되지 않았나
보다. 말 그대로 청승맞아 보였을지도 모른다.

하지만 나는 백화점 쇼핑보다 책을 읽으며 커피를 마시는 것
이 몇 백 배 더 좋다. 책을 읽다 보면 그동안 잃었던 소중한 무언
가를 다시 찾는 기분이 든다. 또 하루를 잘 보냈다는 뿌듯함 같은
것이 가슴을 가득 채운다.

이보다 아름다운 중독은 없다

지금은 이렇게 누구보다 책을 좋아하는 책벌레가 되었지만
불과 몇 년 전만 해도 나는 책과 거리가 아주 멀었다. 몇 개월 동
안 베스트셀러가 된 소설 한두 편 읽는 것이 전부였다. 그랬던
내가 지금은 한 달에 15권 이상의 책을 읽는다.

책을 읽으면 읽을수록 드는 생각은 책은 커피처럼 중독이
된다는 사실이다. 가까이하지 않을 때는 그 맛을 전혀 모르지만

한번 빠지면 절대 헤어날 수 없는 매력이 있다. 요즘은 은행에 갈 때도 책을 가지고 가 번호표를 기다리는 동안에도 책을 읽는다.

나는 일부러라도 대형서점에 가길 좋아한다. 책으로 가득 채워진 서가를 보면 괜히 가슴이 뛰고 기분이 좋아진다. 그리고 언젠가는 내 집도 저렇게 책으로 뒤덮겠다는 욕심도 생긴다.

내가 이처럼 독서예찬가가 된 것은 그만큼 독서가 준 변화가 강렬하고 컸기 때문이다. 나는 책을 통해 우물 안 개구리에서 벗어났고, 의식이 변했으며, 행동도 변했다. 그러자 만나는 사람들이 달라졌고, 목표와 꿈이 달라졌고, 사람들의 평가와 시선도 달라졌다. 무엇보다 내 만족감이 엄청나게 달라졌다.

내가 생각하는 책 읽기의 좋은 점은 수없이 많다.

1. 긍정적인 생각을 하게 된다.

2. 노력하는 사람이 된다.

3. 가슴이 따뜻해진다.

4. 감정이 풍부해진다.

5. 겸손한 사람이 된다.

6. 남을 이해하게 된다.

7. 교훈을 얻을 수 있다.

8. 계획성 있는 사람이 된다.

9. 공부가 하고 싶어진다.

10. 관심의 폭이 넓어진다.

책을 고르는 데 있어 나의 목표는 하나다. 현재의 나를 성장, 발전시키는 분야의 책을 읽는다. 베스트셀러로 널리 알려진 책도 나에게 별 도움이 안된다고 생각하면 과감히 포기한다. 그러다 보니 책을 선택하는 안목도 생기고 깊이도 꽤 생긴 것 같다. 좋은 책이란 많이 팔린 책이 아니라 읽는 사람에게 도움을 주는 책이 아닐까 싶다.

아는 분 중에 고혈압 때문에 고생한 분이 있는데, 그분께 고혈압에 좋은 음식을 다룬 책 한 권을 선물한 적이 있다. 얼마 후 그분에게서 연락이 왔는데 책에서 시키는 대로 했더니 병이 상당히 호전됐다며 인사를 하는 것이었다. 참으로 흐뭇했던 기억이다.

인생의 가장 소중한 친구

지금은 두 권의 책을 펴낸 작가가 됐지만 나는 몇 년 전만 해도 작가란 신경숙이나 공지영, 이문열 같은 타고난 문운을 가진 사람들만 가질 수 있는 타이틀인 줄 알았다.

하지만 꾸준히 책을 읽으면서 나도 모르게 '나도 책을 써보면 어떨까'라는 생각을 조금씩 하게 됐고, 겁 없이 도전해 결국 작가가 되었다. 만일 책을 가까이하지 않았다면 언감생심 꿈도 꾸지 못할 일이었을 것이다. 책 읽기가 내게 준 가장 큰 선물은 바로 이것이라고 생각한다.

다음은 이번 달에 내가 읽은 책들이다.

『세계의 석학들, 한국의 미래를 말하다』, 『바람이 분다 당신이 좋다』, 『그리스인 조르바』, 『우리교육 100문 100답』, 『인생을 바꾸는 건축수업』, 『뜨거운 몰입』, 『사람은 무엇으로 성장하는가』, 『습관의 힘』, 『나는 너와 통하고 싶다』, 『내 아이의 전쟁, 알레르기』, 『8살 이전의 자존감이 평생 행복을 결정한다』, 『모든 삶이 기적이다』

이 가운데 『그리스인 조르바』는 내 인생에 지대한 영향을 미친 책이다. 알게 된 지는 꽤 됐는데 '니코스 카잔차키스'라는 작가의 이름이 입에 쉽게 붙지 않아 몇 번이고 '니코르 카찬치스카'라고 말했던 기억이 난다. 처음 그 책을 읽었을 때 나는 이

소설이 왜 명작이고 고전인지 도무지 이해할 수 없었다. 그러나 얼마 전 다시 읽어본 이 책은 나를 완전히 매혹시켰다. 영혼의 자유로움이 무엇인지, 어떤 자세로 인생을 살아가야 하는지 깨닫게 해주었다. 머리가 아닌 가슴으로 생각하는 사람, 그래서 자유로운 사람 조르바가 했던 말이 아직도 생생하게 들리는 것 같다.

"인생의 신비를 사는 사람들에겐 시간이 없고, 시간이 있는 사람들은 살 줄을 몰라요. 내 말이 무슨 뜻인지 아시겠어요?"

건성으로 툭 내뱉듯 한 조르바의 말속에서 우리가 인생을 살면서, 사람을 대하거나 어떤 일을 할 때 놓치고 있는 것들에 대한 통찰을 발견하게 된다. 그래서 나는 요즘도 이유없이 답답하거나 마음이 무거울 때 『그리스인 조르바』를 꺼내 읽곤 한다.

행복해지려면 책을 읽어라

책 읽기는 정신과 마음, 신체에 여러모로 이롭다. 미국 메릴랜드대학 사회학자 존 로빈슨과 스티븐 마틴 교수팀의 연구결과에 따르면 텔레비전을 많이 보는 사람은 자신이 불행하다고 생각하는 반면 책을 많이 읽는 사람은 행복지수가 높다고 한다.

무려 30년 동안 3만 명의 데이터를 분석한 이 결과가 주는 의미
는 매우 중요하다. 텔레비전을 보면 일시적으로 행복하다고 느
끼지만 장기적으로는 불행해하거나 후회가 많은 것으로 나타났
고, 반면 행복하다고 답한 사람은 신문을 읽은 것으로 나타났다.

비단 연구 결과를 참조하지 않더라도 책이 주는 긍정적 효
과는 도처에 널려 있다. 책을 가까이 하는 사람은 그렇지 않은
사람에 비해 사고가 긍정적이고 진취적일 뿐 아니라 행복지수
가 높다. 그래서일까, 서점에 가보면 사람들의 얼굴이 편안하고
밝다. 요즘처럼 클릭 몇 번으로 손쉽게 책을 받아볼 수 있는데도
불구하고 내가 시간을 내어 오프라인 서점을 찾는 이유이다.

책을 좋아하는 사람 중엔 더러 책을 빌려주길 좋아하는 사람
도 있다고 한다. 하지만 나는 그 반대다. 이렇게 된 데는 사연이
있다.

한번은 내가 무척 아끼는 책을 친구에게 빌려준 적이 있다.
평소 책을 즐겨 읽지 않는 친구였지만, 그 책을 감동적으로 읽었
기 때문에 흔쾌히 빌려줬다. 그리곤 빌려줬다는 사실도 까맣게
잊고 몇달을 보냈다. 3개월쯤 지났을까? 친구의 집에 놀러간 나
는 못볼 것을 보고 말았다. 어디서 많이 본 책이 강아지 오줌이

범벅이 된 채 나뒹굴고 있었던 것이다. 설마 하는 생각에 친구에게 물었는데, 역시나였다. 순간 너무 당황해 말이 나오지 않았다. 그 친구에게는 평범한 책 한 권이었을지 모르지만 페이지마다 밑줄을 긋고 접어놓은 흔적이 역력한 그 책은 내게 있어 무척 소중한 보물이었다. 그때 충격이 얼마나 컸던지 나는 그때 이후로 책은 절대로 빌려주지 않는다. 꼭 빌려줘야 한다면 차라리 사서 선물로 준다. 그러면 적어도 책 한 권 때문에 서로 얼굴을 붉힐 일은 없기 때문이다. 이 책을 읽는 누군가도 제발 내게 책을 빌려달라는 말만은 하지 말길…….

책은 사람보다 정직하다. 또 든든하다.

인생이 허무하다고 사람을 붙들고 늘어지면 그 사람은 곧 짜증을 내거나 돌아선다. 또 흡족한 위로도 되지 않는다. 하지만 책은 다르다. 책은 잘만 고르면 누구보다 현명한 대답을 들려준다. 눈물이 터질 듯한 위로와 살아갈 힘도 덤으로 안겨준다. 그뿐이 아니다. 정체된 삶에 자극을 주고, 잊었던 꿈을 되살려주기도 한다. 자존감을 되찾아주고, 나를 찾아주는 치유도 선물한다.

지금 무척 힘들어 기댈 사람을 찾는다면, 나는 책에게 기대

보라고 권하고 싶다. '불혹'이 아니라 '부록' 같은 마흔을 맞지 않으려면 책을 가까이 하는 것이 가장 손쉽고 확실한 방법이다. 품격과 내면의 아름다움을 동시에 찾아주는 방법은 독서밖에 없기 때문이다.

05

나이들어 보이면
지는 거다

"어머, 정말 젊어 보이네요!"

"뒷모습만 보고 아가씬 줄 알았어요."

"나이보다 젊게 사는 비결이 뭐예요?"

여자들이라면 누구나 이런 이야기를 듣고 싶어 한다.

그렇다면 여자들이 가장 기분 나빠하고 듣기 싫어하는 말이 뭘까? 누군가 너무 얄미워서 기를 한 번 팍 죽이고 싶을 때 이 말을 슬쩍 날리면 열이면 열 다 마음이 무너진다.

“너 요즘 늙나보다. 왜 이렇게 나이 들어 보이니?”

여자들은 왜 하나같이 젊어 보이고 싶어 하는 걸까? 간단하다. 누구나 본능적으로 느끼기 때문이다. 나이 들어 보이는 순간 매력의 강도가 뚝 떨어진다는 것을 말이다.

며칠 전 근처 백화점에 갔을 때의 일이다. 화장품 코너에 들렀는데, 그 곳에는 한 아이 엄마가 다섯 살 정도 된 남자아이를 데리고 앉아 직원에게 이것저것 물어보고 있었다. 그때 어린 아이가 하는 말에 깜짝 놀랐다.

“엄마, 저 누나 정말 섹시하게 생겼다. 그치?”

화장품 코너 직원은 섹시하게 생겼다는 말에 그만 얼굴이 붉어졌다. 아이 엄마가 민망한지 아들을 다그치면서 하는 말이 더 압권이었다.

“너는 어쩌면 그렇게 네 아빠랑 꼭 닮았니? 남자 아니랄까봐, 에휴……”

그 말에 나도 모르게 피식 웃음이 나왔다. 역시 남자들은 아이고 어른이고 섹시하고 예쁜 여자만 보면 좋아하는구나 싶어서였다. 호기심이 생겨 그 여직원을 찬찬히 살펴보니 정말 피부도 곱고 아름다웠다. 나는 마음속으로 '예쁘니까 화장품 코너 직원으로 채용했겠지'라고 괜스레 툴툴거리며 발길을 돌렸다. 거울에 언뜻 비친 내 얼굴이 훨씬 더 나이 들어 보여 갑자기 그곳에 있기 싫어졌기 때문이다.

그들이 빛나는 이유는 따로 있다

여성들을 대상으로 한 '자기관리 특강'을 진행한 적이 있었다. 특강에 참석한 한 여성으로부터 다음과 같은 메일을 받았다.

"올해 38세 미혼 여성입니다. 실제 나이보다 더 들어 보인다는 말을 자주 듣는 편입니다. 그러다보니 심리적으로 너무 위축이 되어 자꾸 자신감이 떨어집니다. 한번은 친구 소개로 남자를 만났는데 그 사람이 대놓고 '정말 주선자와 친구 맞냐?', '어려서 고생을 많이 한 것 같다'라고 말해서 큰 상처를 받았습니다. 잘못을 한 뒤 꾸중을 들은 아이처럼 얼굴이 빨개져서 괜히 죄지은 사람처럼 미안하기까지 했습니다. 마사지도 받고 옷에 신경도 쓰지만 타고난 얼굴을 어떻게 하나요? 성형수술이라도 받아야 하는 건지 심각하게 고민 중입니다."

같은 여자로서 그녀의 고통이 고스란히 느껴졌다. 고민에 빠진 그녀에게 '외모보다 마음이 중요하다'는 궁색한 위로를 하고 싶진 않았다. 대신 이렇게 조언했다.

"스스로 자신감을 찾을 수 있는 일을 찾아보세요."

외모를 빛나게 하는 데는 물론 미모가 중요하다. 하지만 주변을 보면 타고난 미인이 아닌데도 반짝반짝 빛나는 사람들이 많다. 그들이 빛나는 이유 중의 하나는 자신감에 넘치는 당당한 표정이다. 사실 외모가 아름다운 사람들이 매력적인 이유도 그들 스스로가 자신의 아름다움에 대한 자신감이 넘치기 때문이다.

나이들어 보이면 안 되는 진짜 이유

여러 대학에서 강의를 하는 C교수가 있다. 전국 지방 곳곳에서 강의를 하는 그녀는 좀처럼 휴식을 취할 여유가 없다. 항상 눈은 충혈되어 있고 다크서클이 갈수록 짙어져가는 그녀를 볼 때마다 안타까운 마음에 적당히 쉬면서 일하라고 충고하면 한가한 소리를 한다며 오히려 내게 핀잔을 주곤 했다. 그도 그럴 것이 그녀의 남편이 벌이가 시원치 않은 까닭에 그녀는 닥치는 대로 강의를 하면서 버거운 삶을 꾸려가고 있기 때문이다.

그러던 어느 날, 그녀에게서 오랜만에 연락이 왔다. 반가운 마음에 나간 약속 장소에는 C교수가 평소보다 더 초췌한 모습으로 앉아 있었다.

"원장님, 고민하다가 말씀드리는데 돈 좀 빌릴 수 있을까요?"

나는 누군가에게 부탁을 받으면 선뜻 들어주는 편이지만 돈 문제만큼은 정말 연결되고 싶지 않다. 그동안 돈 때문에 소중한 사람들을 여러 명 잃었기 때문이다. 그래서 그녀의 부탁을 듣고 정말 난감할 수밖에 없었다. 그녀는 그토록 열심히 일을 했음에도 실상은 모아 놓은 돈도 없는데다가 덜컥 병에 걸려 수술을 해야 하는데 도저히 돈 빌릴 곳이 없어 밤새 고민한 끝에 나를 찾아왔다고 했다. 자세한 사정을 듣고 보니 워낙 딱한 처지여서 돈 거래는 하지 않는다는 내 원칙을 어기고 도와줄 수밖에 없었다.

돈도 돈이지만 그날 그녀를 보면서 제 나이보다 십 년은 더 나이가 들어보이는 모습에 무척 안타까웠다.

나이 들어 보이면 안 되는 결정적인 이유가 있다. 바로 나이

들어 보이는 만큼 일찍 죽는다는 사실 때문이다. C교수와 같이 나이 들어 보이는 사람들 가운데는 몸 속이 아픈 경우가 많다.

덴마크의 심리학자 크리스텐센(K. Christensen)은 1995년부터 2008년까지의 연구를 통해 같은 나이일지라도 더 늙어 보이는 사람이 먼저 죽는다는 충격적인 연구 결과를 발표했다.

연구 내용은 단순했다. 사람들이 쌍둥이의 사진을 보고 나이를 평가하게 하고, 쌍둥이가 실제 사망한 나이를 비교하는 방식이었다. 2008년까지 약 225쌍의 쌍둥이가 사망했다. 숨질 당시의 나이를 비교해 보니 쌍둥이 중 늙어 보이는 사람이 일찍 죽을 뿐만 아니라 늙어 보이는 만큼 더 빨리 죽었다.

나이 들어 보이는 것만 해도 화가 나는데 건강에도 문제가 생기고 게다가 일찍 죽기까지 한다니 이렇게 억울한 경우가 또 있을까? 그래서 나는 대놓고 여자들에게 "나이 들어 보이면 지는 거다"라는 말을 자주한다.

마음도 몸도 젊고 생생하게

나이에 비해 젊어 보이거나 늙어 보이게 만드는 이유는 다양하지만 여자에게는 특히 피부 상태가 중요하다. 얼굴에 기미와

주근깨가 끼어 거무칙칙하거나, 거칠고 주름이 많은 피부는 나이 들어보이게 만드는 주범이다. 그러나 피부에 윤기가 있고 촉촉하며 매끄럽다면 훨씬 아름답고 젊어 보인다. 그래서 여자들은 나이에 관계없이 좋은 피부를 갖기 위해 안간힘을 쓴다.

시중에는 연예인들의 각종 미용법을 소개한 책들이 벌써 여러 권째 베스트셀러로 자리 잡았다. 탄력 있고 혈색 좋은 피부를 만들어 준다는 고가의 화장품이나 건강보조식품도 불티나게 팔린다. 하지만 이렇게 많은 돈을 투자하면 모두 임수정이나 고현정 같은 피부를 가질 수 있을까? 사실은 그렇지 않다. 그저 지금의 피부 상태를 약간 호전시키는 데 도움이 될 뿐이지 결코 근원적인 처방은 아니다.

쑥쓰러운 고백이지만 나도 어디 가면 나이보다 젊어 보인다는 말을 자주 듣는 편이다. 내친김에 현재 내가 실천하고 있는 나이보다 젊고 예쁘게 보이는 비결을 공개한다.

생각보다 정말 간단하다. 올바른 방법으로 세안하고, 과하지 않게 기초화장에 신경 쓰며, 양질의 식사와 적당량의 운동을 습관화하는 것이다. 내 비결을 듣고 '에이, 별 거 아니잖아'하고 생각할 수도 있겠지만 사실 동안의 비결은 알아내는 게 중요하지 않다. 실천이 100배, 1000배 중요하고 또 그만큼 힘든 것이다.

나는 커피 마니아다. 출근을 하면 일명 다방커피를 반드시 마셔야 하고, 카페에서는 카라멜 마키아또를 즐긴다. 달콤한 그 맛이 마치 사랑하는 남자의 밀어처럼 느껴져서 도저히 끊을 수가 없다. 문제는 이런 내 취향 때문에 점점 살이 찐다는 사실이다. 여자는 체중이 늘면 늘수록 상실감에 허덕인다. 그래서 나는 하루도 빠짐없이 운동을 한다. 그리고 1년에 한 달은 새벽 5시에 일어나 108배를 한다. 108배를 시작한 처음 며칠간은 시간도 오래 걸리고, 계단을 오를 때마다 종아리에 알이 배어 아프다. 하지만 5일만 지나면 시간이 20분 이내로 단축되고, 평소보다 더 가뿐히 계단을 오를 수 있다. 거실 창문을 열어 놓고 새벽 공기를 맞으며 하는 108배는 내 몸뿐만 아니라 정신까지 젊게 한다. 이마를 흘러내리는 땀방울 속에 마음과 몸의 노폐물이 쏙 빠져 나오는 것만 같다.

06

여자는 죽을 때까지 사랑하고, 사랑받고 싶다

"나도 남편한테 사랑받고 싶어. 그것도 아주 유치한 사랑을. 집안 곳곳에 빨간 풍선, 파란 풍선을 걸어 놓고 불 꺼진 거실에 숨어 있다 갑자기 폭죽을 빵 터뜨려 주는 그런 사랑을 받고 싶어."

벌써 몇 년째 남편과 권태기인 친구의 넋두리가 너무도 쓸쓸해서, 그 말을 듣는 내 가슴에도 찬바람이 부는 듯 시렸다. 누가 그랬던가, 세상에서 가장 차가운 커피는 냉커피가 아니라 식은 커피라고.

계절이 바뀔 때쯤이면 어김없이 친구는 우울하다며 전화를 한다. 계절은 사실 핑계였고 남편과의 권태기가 우울증으로까지 발전한 것 같았다. 그런데 지난달 모임에서 만난 친구는 내 예상과는 달리 너무도 밝은 표정이었다. 그녀 입에서 나온 얘기는 더욱 놀라웠다.

"엊그제 결혼기념일이라고 우리 남편이 꽃다발을 사다주는 거야. 결혼하고 나서 처음 있는 일이라서 어찌나 놀랐던지. 회사에서 썼다는 편지까지 읽다 보니 눈물이 핑 돌더라니까."

다른 친구들과 나는 순간 가슴이 덜컹했다. 친구의 남편이 혹시 바람이 난 건 아닌가 하는 의심부터 들었기 때문이다. 보통 남자들은 바람을 피울 때 아내에게 안 하던 짓을 하는 경향이 있기 때문이다.

다행히도 친구의 남편이 변한 데는 다른 이유가 있었다. 친구가 이혼하기 전 마지막 소원이라면서 남편을 설득하여 부부 상담 센터에 등록한 것이었다. 상담을 시작한 지 채 한 달도 안 되어 남편의 무뚝뚝한 말투가 조금씩 고쳐지기 시작하더니, 지금은 신혼 때도 안 하던 다정한 표현도 해준다고 한다.

친구의 솔직한 얘기를 다 듣고서야 나는 용기를 내어 우리 부부의 이야기도 털어 놓을 수 있었다.

문제는 나에게도 있었다

내 남편은 그 또래 남자들이 그렇듯 다소 권위적이다. 그래서인지 무슨 일이 생기면 자기 탓을 하기보다는 남의 탓을 하는 버릇이 있다. 이것이 우리 부부의 가장 큰 문제라고 생각했던 나는 결혼생활 내내 행복하다는 생각을 별로 하지 못한 채 살아왔다. 걸핏하면 내 탓이라니, 화가 나고 답답했다.

그렇게 자주 다투며 살던 어느 날, 생각지도 못한 터닝포인트가 찾아왔다. 우리 관계를 지켜보던 아들이 직접 나선 것이다.

"아빠, 엄마나 되니까 지금껏 참고 살았죠. 제가 엄마라면 이혼을 해도 여러 번 했을 거에요. 이대로는 안되겠고, 뭔가 대책을 세워야겠어요."

곁에서 지켜보던 아이들도 힘이 들었으리라. 아들은 기특하게도 직접 부부클리닉을 예약해왔다.

살면서 여러 번의 위기가 있었지만, 근본적인 해결책을 찾지 못했던 나는 문제가 있다면 함께 고쳐보자는 마음으로 몇 개월

과정의 부부클리닉을 함께 다녔다.

결과는 정말 기대 이상이었다. 불과 3~4개월의 클리닉 과정만으로도 우리 부부는 놀랍도록 달라졌다.

우선 나는 모든 문제가 남편에게만 있는 것이 아니라는 사실을 깨닫고 시인하게 되었다. 문제가 나에게도 있다는 사실을 깨닫자 꼬이기만 했던 것들이 비로소 제자리를 찾기 시작했다.

남편의 있는 그대로의 모습을 인정해주지 못한 것, 남편이 극도로 싫어하는 아주 작은 행동도 별반 대수롭지 않게 생각해 바꾸지 않았다는 사실, 나에게 무관심한 줄로만 알았던 남편이 의외로 나로 인해 상처받고 아파했다는 것을 깨닫게 된 것이다.

이후 우리 부부는 참 많은 것이 달라졌다. 우선 남편은 살아 생전 절대 하지 않을 것만 같은 행동들을 하기 시작했다. 아침에 일어나 청소기를 돌리며 거실과 방을 먼저 청소한다. 가끔은 밥상을 차려 나를 초대하기도 한다. 그리고 최근엔 더 나은 부부생활을 위해 두 달간의 일정으로 필리핀으로 어학연수를 떠났다. 20년을 넘게 살면서 우리 부부가 이렇게 오래 떨어져 있는 것은 처음이다.

요즘 우리 부부는 젊은이들 못지않게 카톡에 열심이다.

"오늘 서울에 눈 많이 왔지? 눈 치우느라 힘들었겠다."

"당신은 참 포근해서 좋아, 이래서 아이들이 당신을 좋아하나
봐."

"당신 내 건데 관리 잘해야지, 이쁘고 멋지게."

"한국 가면 아주 행복하게 잘 해줄게 여보, 사랑해."

요즘 우리 부부는 이렇게 하루도 빠지지 않고 정감 어린 메
시지를 주고받으며 서로의 애정을 확인하곤 한다. 몇년 전에는
상상조차 하지 못한 작은 일상의 행복을 맛보며 살아가고 있는
것이다.

그러고 보면 세상이 다 변해도 남편만은 변하지 않을 거라
는 내 확고한 믿음이 그동안 남편의 변화를 가로막는 장애물이
었다는 것을 깨닫게 됐다.

해답은 멀리 있지 않다

주변을 둘러보면 결혼생활이 행복하다는 사람들을 찾기가
쉽지 않다. 이렇게 사느니 차라리 이혼을 하고 싶다는 부부들
도 쉽게 만난다. 하지만 나는 그들에게 쉽게 이혼을 권하지는 않

는다. 또 무조건 참고 살라는 말도 하지 않는다.

사실 부부의 문제는 한쪽만의 일방적인 잘못이나 실수로 발생하진 않는다. 쌍방이 만들어낸 관계의 문제이기 때문이다.

이혼이라는 극단적인 선택을 하기 전에 단 한 번만이라도 진심으로 서로의 문제가 무엇이었는지 찾아내보려고 하는 노력이 중요하다. 그리고 그것을 찾았다면 부부가 함께 풀려는 노력도 한번은 해봐야 한다.

무조건 참고 사는 것에도 한계가 있다. 상대가 변하지 않을 거라는 체념은 곧 무관심으로 변하고 무관심은 결과적으로 이혼보다 더 큰 상처를 불러오기 십상이다. 참고 참다가 결국은 생병이 나거나, 그때그때 풀었더라면 대수롭지 않은 문제들을 해결할 시점마저 놓치고 결국 파국을 맞고 만다.

인생에는 정답이 없다. 다만 앞서간 경험자들의 조언은 많은 도움이 되는 것 같다. 부부클리닉을 통해 부부관계를 점검할 때 몇 가지 굵직굵직한 질문들이 서로를 돌아보는 데 많은 도움이 되었다. 참조가 될까 하여 여기에 소개해 본다.

– 부부가 함께 가는 방향과 목적지가 같은가

- 각자가 맡은 역할과 인생관을 있는 그대로 인정하며 살아가
  고 있는가
- 상대방에 대한 나의 기대치가 너무 크거나 이상적이지는 않
  은가
- 너무 내 입장에서만 상대를 평가하고 이기적으로 생각하고
  행동한 것은 아닌가

부부관계를 개선하는 데 있어 시작은 큰 데 있지 않다. 이런 몇 가지 질문만 해봐도 놀랄 만큼 좋아지는 것이 부부관계다. 사실 많은 부부들이 감정을 통제하기 위해 온갖 애를 쓰지만 이성적이고 전문적인 방법으로 해결책을 찾지는 않는다. 나는 이번 부부 클리닉을 통해 전문가들의 도움이나 저런 질문이 복잡하게 꼬인 부부문제를 해결하는 단초가 될 수 있다는 사실을 알았다.

남의 떡이 더 커 보이듯 잘 포장된 선물은 내용물과 상관 없이 눈을 사로잡는다. 하지만 완벽한 가정이란 없다. 겉으로 완벽해 보이는 가정에도 나름대로의 어려움과 고통과 상처는 있기 마련이다. 웬만한 부부들은 아프고, 슬프고, 고통스러운 과정을 묵묵히 견디거나 부대끼며 살아간다. 그 과정을 얼마나 성숙한 방법

으로 견뎌내고 해결하느냐의 차이만 있을 뿐이다.

쉰을 넘긴 지금, 나는 이제서야 비로소 우리 부부가 진짜 부부가 됐다는 행복감에 젖어 있다. 나는 이것이 그 많은 위기와 고통의 순간들을 잘 넘겨온 후 받은 선물이라고 생각한다. 그동안 참고 살아온 세월에 대한 보람이자 보상이라고 느낀다.

지금은 견딜 수 없이 힘들게 느껴질지라도 부부가 함께 세월은 쌓아나가는 것은 무척 중요하다. 이땅의 수많은 부부들이 크고 작은 고비를 넘기지만 그래도 마지막까지 함께 갈 수 있는 건 바로 이 세월 때문이다. 그 시간을 참아낸 사람에게 세월이라는 놈은 반드시 늦게라도 보답을 해주는 법이니까.

07

오로지 나만을 위한 시간을
만들어라

누구보다 바쁘게 살면서도 맡은 일을 척 척 해내며 승승장구하는 여자들이 있다. 상사로부터 인정받는 후배, 시어른을 모시고 살면서도 깨소금이 쏟아지는 동료, 똑같은 월급인데도 재테크를 잘해 경제적으로 윤택한 사람들 말이다. 이들에게는 한 가지 공통점이 있다. 바로 하루 일정한 시간을 정해서 반드시 자기계발에 투자한다는 것. 그들은 이 시간을 절대로 아까워하지 않으며 미루지도 않는다. 한 지인은 이렇게 말했다.

"세상에서 가장 값진 투자는 '나'에 대한 투자다. 다른 재산은 잃어버릴 수 있지만 '나'라는 재산은 그 누구도 훔쳐가지 못한다. 무엇보다 나 자신에게 투자할 때 인생을 가치 있고 풍요롭게 보낼 수 있다."

자기 시간을 갖는다는 것이 자기계발에 몰두한다는 뜻만은 아니다. 그들은 그렇게 확보한 자신만의 시간을 통해 자신을 돌아본다. 그리고 부족한 부분이 있으면 어떻게든 그것을 보충하려고 노력한다. 남보다 더 스스로를 자극하고, 외부 자극에도 민감한 그들은 그래서 인간관계도 원만한 사람이 많다. 인간관계가 원만하니 좋은 기회들이 생겨날 수밖에.

시간을 아까워하는 여자가 성공한다

얼마 전 가까운 선배가 어려운 시험에 합격했다. 누구나 아는 공인중개사 자격증 시험이지만 요즘엔 응시자가 많아 합격이 어렵다는 것을 알기에 기쁜 마음에 축하 선물로 근사한 저녁을 샀다.

내가 선배의 합격을 내 일처럼 기뻐하고 축하해주었던 데는 이유가 있다. 그 선배가 촉박한 일정 속에서 얼마나 시간을 쪼개서 쓰며 알뜰하게 살았는지 곁에서 생생히 지켜봤기 때문이다. 직장생활을 하는 그녀는 매일 퇴근 후 늦은 밤까지 공부했고, 휴가도 반납하고 주말과 출퇴근 시간, 심지어 점심시간까지 활용해 시험준비에 몰입했다. 두 번의 실패를 맛보고도 포기할 줄을 몰랐다. 남들은 노후자금 만들기에 급하고, 손주 봐줄 걱정을 하는 나이에 그런 도전을 시작했으니 참으로 존경스러울 뿐이다.

사람들은 쉽게 '시간이 없다'라는 말을 자주 한다. 나는 이 말을 참 싫어한다. 그렇게 말하는 사람들의 대다수가 실제로 시간이 없는 게 아니라 절박함이 부족하다고 생각한다. 인생 80년을 하루로 계산하면 청년기는 오전 10시이고, 40대는 오후 2시, 60대는 저녁 6시 석양이 질 무렵이다. 한참 늙었다고 생각했는데, '고작 오후 2시야'라고 생각할 수도 있지만 오전 시간대를 살고 있는 청춘들을 생각하면 자신을 갈고 닦는 데 게으름을 부릴 시간이 없다.

철학자 니체는 식사 시간 전 10분을 활용하여 12권에 달하는 『영국사』를 읽었고, 시인 롱펠로우는 커피가 데워지기 전 10분을 활용해 단테의 『신곡』을 번역했다. 하루에 단 10분이라도 지속적으로 확보할 수 있다면 이처럼 무시무시한 일을 해낼 수 있는 시간으로 축적된다.

시간 활용에 우선순위를 정하라

가만히 살펴보면 시간이 없다고 말하는 사람일수록 우선순위를 정하지 않는 사람이 많다. 나도 한때 그랬었다. 매일 몸이 열 개라도 부족할 정도로 바쁘게 살았지만 뭔가 채워지지 않고 늘지 않았다. 그러던 어느날 '이렇게 목적의식 없이 살아선 안되겠다'고 다짐했다. 나는 그때부터 똑같은 하루를 보내더라도 우선순위를 정하고 구체적인 목표를 세워서 살기 시작했다. 같은 하루지만 결과는 정말 천지차이였다.

물론 처음에는 오랫동안 몸에 밴 습관인지라 바꾸기가 쉽지 않았다. 또 결혼한 여자라면 모두 알겠지만 일과 가정을 돌보다 보면 나를 위한 시간 따위는 절대로 생기지 않는다. 나는 고민 끝에 새벽 시간을 활용하기로 작심했다.

그리고 결심을 한 날부터 평소보다 한 시간 일찍 일어나기 시작했다. 처음 몇 달은 피곤하고 괴롭더니 어느새 사방이 고요한 새벽 시간이 그렇게 좋을 수가 없었다. 마치 신이 나만을 위해 준비해 두신 시간 같았다. 나는 이 시간을 이용해 독서를 시작했고,

사흘에 한 권 꼴로 책을 읽을 수 있게 됐다. 매번 책을 읽어야지, 읽어야지 하면서 실천하지 못했던 마음의 짐이 한꺼번에 사라진 것도 좋았지만 책에 담겨진 이야기들이 굉장한 자극이 되었다.

매일 아침을 책과 함께 열 수 있게 되자 삶에도 여러 변화들이 생기기 시작했다. 사색하는 시간도 늘고, 마음이 고요해지고, 덜 불안해졌으며, 할 수 있다는 자신감과 희망도 솟았다. 그렇게 마음이 변하자 무엇보다 표정이 더욱 밝아졌다. 주변에서 무슨 좋은 일이 있냐고 물었지만 내게 생긴 변화라곤 아침에 한 시간을 투자하는 것 외엔 달라진 게 없었다.

나만을 위한 시간을 가져라

세상에는 시간이 지날수록 잘 나가는 사람들이 있는 반면 힘들어지는 사람들이 있다. 무엇이 그들의 운명을 이렇게 갈라 놓을까? 나는 그 원인으로 시간 활용을 꼽고 싶다. 그것도 그냥 시간이 아닌 오로지 나만을 위한 시간 말이다. 성공한 사람들은 바쁜 일정 중에서도 하루 몇십 분을 확보하여 온전히 자신만을 위해 투자한다. 얼핏 보면 하루 몇십 분이라고 쉽게 생각하겠지만 그것이 한 달, 일 년이 쌓이면 엄청난 효과를 낸다.

그래서 더 나은 인생, 즐겁고 행복한 인생을 살고 싶다면 반드시 나만을 위한 시간을 가지라고 말해주고 싶다. 전업주부라면 더욱 그렇다. 외부자극이 적은 전업주부들은 자신이 노력하지 않는 이상 그만큼 더 정체되게 되어 있다. 외부에서 계속 발전해가는 남자들을 생각해보라. 결혼 때와 비교해 전혀 달라지지 않은 아내에게 끌릴 남편은 많지 않다.

마지막으로 하루에 단 30분만이라도 산책하는 시간을 가지라고 말하고 싶다. 많은 사람들이 산책을 하는 동안 자신을 돌아보면서 많은 영감을 떠올린다. 그리고 그 영감으로 더 나은 사람이 되기도 하고, 하는 일에서 더 나은 성과를 창출하기도 한다.

유럽의 그리스발 재정위기 상황에서도 독일은 흔들림 없이 주도적인 역할을 담당했다. 나는 독일의 강한 힘의 원천이 무엇일까 진지하게 고민한 적이 있다. 그리고 생각 끝에 '산책'이라는 답을 찾을 수 있었다. 사실 독일인들은 유난히 산책을 즐긴다. 독일인의 삶은 산책을 빼고는 도저히 설명이 되지 않을 정도다.

심리학자 브라이언 로빈슨은 저서 『워커홀리즘』에서 이렇게 말한다.

"당신을 은행예금 계좌로 생각하라. 항상 인출만 한다면 감정적 파산 상태가 될 수 있다. 매일 스스로를 위해 쓸 수 있는 15분을 떼어 놓고 그것을 내면의 시간(internal time) 또는 매일의 예금시간(daily deposit time)이라 부르도록 하라."

지금 이 순간 하루에 오로지 나만을 위한 '예금시간'이 얼마나 되는지 자문해 보자.

08

혼자 있는 시간을 즐겨라

여자들은 혼자서도 잘 논다. 특히 결혼하기 전의 미혼 여성들을 보면 어쩌면 저렇게 혼자서도 즐겁게 잘 놀까 신기할 정도다. 커피숍에 혼자 앉아 음악을 듣기도 하고, 혼자 여행을 떠나기도 하며, 극장에도 혼자 당당하게 잘 들어간다.

그런데 이런 여자들도 결혼만 했다 하면 변한다. 결혼한 후에는 희한하게도 나만의 시간이 주어지면 괜스레 불안해하는 것이다. 그녀들은 모처럼 남편과 아이에게 벗어나 자유시간이라도 주어지면 혼란스러워 한다.

결혼한 여성들이 나만의 시간을 갖는다는 것은 하늘의 별따기만큼이나 어렵다. 아이 뒷바라지 하랴, 청소하랴, 남편 챙기랴, 삼시 세 끼 챙겨 먹이다 보면 눈깜짝할 사이에 하루가 저문다. 허리 한번 제대로 펴지 못하고, 너무 바빠서 자신의 얼굴 한번 제대로 쳐다볼 수 없는 지경이다.

그렇게 바쁜 현실에 밀려 살아가다가 불현듯 하루나 이틀 여유 있는 시간이 생기면 주부들은 오히려 더 불안해진다. 뭔가 못다한 집안일을 더 찾아서 해야 할 것 같고, 안 한 일이 갑자기 닥쳐올 것만 같고, 뭔가 덜 한 것 같다는 착각과 책임감에 시달리는 것이다. 그러면서 결국 그 귀한 시간에 빨래, 청소, 장보기 등 평소에도 늘 하던 일을 반복한다. 참으로 안타까운 일이다.

왜 이렇게 여자들은 혼자 있는 시간이 불안한 걸까.

아마도 오랫동안 철저하게 혼자 있는 시간을 가져본 경험이 없거나 미래에 대한 구체적인 꿈과 목표가 없기 때문일 것이다. 시간은 생겼는데 밀린 일을 처리하거나 친구와 영화를 보거나 수다를 떠는 것 외엔 해본 일이 없으니, 이걸 어떻게 보내야 하나 당연히 불안할 수밖에.

혼자 시간을 보내는 데도 훈련이 필요하다

나 또한 혼자 있거나 여유를 즐길 만한 시간을 만들기가 쉽지 않다. 하지만 그것도 마음먹기 나름이라는 생각을 최근엔 자주 한다. 내게 혼자 시간을 보낸다는 것이 얼마나 중요한지 알려준 작은 사건이 있었다.

그날은 친구와 종일 데이트를 하기로 했던 날이었다. 그날 하루만큼은 남편과 아이들에게서 벗어나 발길 닿는 대로 싸돌아다니기로 하고서 '맛집'과 평소 보고 싶던 공연을 예매해뒀다.

잔뜩 기대에 부풀어 집을 나서려는 순간 친구에게서 전화가 왔다. 아이가 많이 아파서 도저히 나올 수 없다는 전화였다. 순간 기분이 쭉 가라앉았다. 뒤늦게 대학원에 다니느라 일 년 넘게 얼굴을 못 보았던 친구였고, 나도 어렵게 시간을 낸 상황이었다. 하지만 어쩌겠는가. 금쪽같은 아이가 아프다는데…….

상심한 마음에 외출복을 벗으려다가 나는 마음을 바꿔보기로 했다. 쉽게 얻지 못할 하루 휴가인데 혼자라도 만끽해 보자고 마음먹은 것이다. 하지만 이내 쓸쓸함이 물밀듯이 밀려왔다. 갑자기 주어진 하루를 어떻게 보내야 할지 난감했기 때문이다. 온전히 하루가 내게 주어진 것은 최근 몇 년간 처음이었다.

'아, 어떡하지?'

막막했다. 어렵게 잠깐의 시간이라도 나면 남편과 아이들과 함께만 다녔지, 나 혼자 어디론가 간다는 것은 생각지도 못했기 때문이다.

하지만 그날은 달랐다. 일단 나가보자고 결심했다. 먼저 식당 측에 사과를 하고 예약을 취소했다. 하지만 미리 예매해둔 공연 티켓은 당일 취소가 불가능했다. 같이 볼 만한 사람들에게 문자 데이트를 청했지만 모두 불가능하다는 답신이 돌아왔다. 나는 과 감하게 혼자 공연을 보기로 마음먹었다.

평소에는 혼자 식당에만 가도 남들이 나를 이상한 사람으로 보지 않을까 신경이 쓰였는데, 그날은 당당하게 공연장에 들어 갔다. 그런데 막상 혼자 공연장에 들어가도 생각처럼 부끄럽지 않았다. 공연을 보고 있는데 친구에게서 문자가 왔다.

'오늘 정말 미안해. 아이 열이 이제야 좀 내렸다. 나 때문에 방콕하고 있는 거 아니니?'

나는 친구에게 이렇게 답신을 보냈다.

'아니야. 덕분에 오늘 혼자서 잘 놀고 있다. 나 혼자 시간을 보 내는 것도 생각보다 좋구나.'

그날 나는 내친김에 식당에도 혼자 가고 여기저기 평소 가보 고 싶던 곳들을 찾아다녔다. 예쁜 찻집이 보이면 들어가 커피를 마셨고, 마주치는 전시회장에 들어가 멋진 그림도 감상했다. 참으로 여유롭고 행복하고 즐거운 여정이었다. 왜 그동안 이런 행복을 모르고 지냈을까 후회와 억울함이 들 정도였다.

그날 이후 나는 일부러 혼자만의 시간을 만들어 즐기려고 노력한다. 그리고 더는 '뭘하며 놀지?'라는 고민을 하지 않는다. 찾아보면 나를 즐겁게 해줄 것들이 천지에 널려 있기 때문이다. 그런 날은 숨가쁜 인생 속에 숨어 있는 쉼표와 만난 듯 지친 몸과 마음이 온전히 충전되는 기분이 되곤 한다.

혼자 하기의 달인이 되라

우리가 살아가는 데는 엄청난 성취감이나 성공이 필요하지 않다. 어떤 마음가짐으로 살아가느냐에 따라 소소한 행복과 여유만으로도 충분히 충만한 생활을 할 수 있다. 그리고 그 소소한 행복을 위해서는 반드시 짧게나마 자기만의 시간을 만들어 보는 것이 중요하다.

나만의 시간을 만들지 못해 답답했거나 그런 시간이 주어지면 괜히 불안해지는 주부들에게 그동안 내가 해왔던 방법 중 몇 가지를 소개할까 한다.

　첫째는 혼자 먹기다. 나는 유치원을 운영하면서 틈틈이 강연도 다니고 있다. 강연을 다니다 보니 다른 사람들보다는 혼자 먹는 것에 익숙해졌다. 하지만 그 전에는 혼자 식당에 들어가지도 못했다. 주변의 시선이 부담스럽고 부끄러웠기 때문이다. 그런데 지금은 어떤 식당이든, 커피숍이든 필요하면 아무 때나 과감하게 들어가 혼자만의 시간을 즐긴다. 처음엔 어색했던 시간을 지금은 잠깐 숨을 돌리며 쉬기도 하고, 다음 일정을 짜는 등 아주 알차게 사용하고 있다. 상대를 배려해야 하는 부담도 없으니, 일석이조다.

　둘째는 혼자 다니기다. 대부분의 여자들은 혼자 다니기를 꺼려하는 것 같다. 나 역시 예전에는 그랬지만 언제부턴가 오히려 혼자가 편해졌다. 혼자 쇼핑가고, 혼자 서점에 가고, 혼자 도서관에 가고, 혼자 산에 가는 일들이 이제는 기쁨이자 행복이다. 처음에는 다소 어색하고 심심할 수 있겠지만, 한번 해보라. 그 느낌이 생각보다 아주 편하고 섹시하다.

셋째는 혼자서 영화나 공연 보기다. 혼자 시간을 보내기 가장 좋은 것을 꼽으라면 두말할 것도 없이 영화와 공연 관람이다. 나는 영화관에는 거의 혼자 가는 편이다. 다른 사람과 함께 가면 시간을 맞추기도 쉽지 않을뿐더러 내가 원하는 시간에 인터넷 예약을 하면 가장 좋은 자리에 앉아서 영화를 관람할 수 있어서 좋다. 그리고 혼자 영화를 보면 내 감정에 몰입해 영화에 집중할 수 있어서 관람 후에도 그 여운이 오래 가는 편이다.

당신이 만약 주부라면 이런 혼자 보내는 시간 이외에도, 몇 가지 시간을 만들 수 있는 요령을 만들어 보길 권한다.

예컨대 퇴근 시간을 만드는 거다. 주부는 24시간 대기하는 존재가 아니다. 아무 때나 찾으면 뭐든 내주는 편의점이 아니다. 집에서도 주부의 퇴근 시간을 정해 놓고 아이들 스스로 자기관리를 하고, 남편도 협조하게 만드는 습관을 들이면 생각보다 많은 자기 시간을 확보할 수 있을 뿐 아니라 몸도 마음도 한결 여유로워진다.

또 하나는 하루에 딱 한 시간씩 나만을 위한 시간을 가지라는 것이다. 아무리 바빠도 직장인들은 출근시간, 점심시간, 퇴근시간이 있다. 짬짬이 커피도 마시고 회식도 한다. 하지만 주부는 그렇지 않다. 정해진 일과 가족의 요구에 부응하다 보면 단 한 시간도 숨돌릴 틈없이 밤을 맞기 일쑤다. 아침 시간이든, 오후 시간이든 언제든 좋다. 하루 한 시간 정도는 일에서 손을 놓고 자신을 들여다보는 시간을 가져야 한다.

다음으로는 내가 자주 쓰는 방법인데, 집안일을 요일별로 몰아서 하는 것이다. 집안일을 잘하면 좋겠지만 그렇다고 완벽하게 해야 한다는 집착을 가질 필요는 없다. 이런 집착이 여자를 골병들게 한다. 해도해도 끝이 없는 집안일은 생길 때마다 하기보다는 요일별로 몰아서 하면 좋다. 예를 들면, 밑반찬 만들기는 화요일, 빨래는 수요일, 장보기는 목요일, 다림질은 금요일 등으로 정하고 몰아서 하는 습관을 들이는 것이다. 걸레는 한꺼번에 모아서 세탁기로 돌리면 훨씬 시간과 에너지가 절약된다. 사야할 물건은 냉장고에 메모지를 붙여 적어두면, 시간도 절약되고 충동구매도 줄일 수 있어서 일석이조다.

성숙한 사람은 혼자 있는 것이 두렵지 않다

혼자의 시간을 잘 보낸다는 것은 자신과 다투지 않고 평화로운 시간을 보낼 수 있다는 뜻이기도 하다. 혼자 있는 시간은, 지금 내가 제대로 가고 있는지, 놓치고 있는 것은 무엇인지, 궁극적으로 이루고 싶은 것은 무엇인지, 사람들에게 상처를 주지는 않았는지, 정말 원하는 인생은 어떤 건지 등을 점검하는 시간이다. 잠시 한쪽으로 미뤄뒀던 내면을 들여다보고 조용히 마음의 소리에 귀를 기울이는 시간이기도 하다. 그래서 나는 혼자 있는 시간을 잘 보내는 사람이야말로 성숙하고 깊이 있는 사람이라고 생각한다.

'국민의사' 이시형 박사의 말은 많은 것을 생각하게 해준다.

"한방을 쓰는 부부가 다른 방을 쓰는 부부보다 싸움이 더 잦고 이혼율이 높다는 사실은 정신과에선 잘 알려진 사실이다. 애정도 별로 없는 부부가 피부를 맞대고 한방에 살면 오히려 신경을 더 자극하게 되기 때문이다. 공부든 연수든 유학이든 사람은 일생 중 얼마간 반드시 혼자 살아보는 경험을 해 두는 게 꼭 필요하다. 사람이 성숙하려면 혼자 있는 시간이 많아야 한다."

09

소원을 말하는
앵무새가 되라

성공한 사람과 실패한 사람 사이에는 눈에 띄는 차이점이 하나 있다. 전자는 성공을 부르는 주문을 외는 반면 후자는 실패하는 주문을 왼다는 것이다.

전자는 주로 이런 말을 자주 한다.

"이번 일은 반드시 성공시킬 거야."

"계획대로 잘 되고 있어. 꼭 성사될 거야."

"내일은 분명 오늘보다 더 좋아질거야."

반면 패자는 이런 말을 자주 한다.

"시작부터 꼬이니 안 봐도 비디오다."

"실패하면 어쩌지? 이번에 실패하면 정말 끝장인데."

"내일도 보나마나 힘든 하루가 되겠지."

현재의 내 모습은 과거에 내가 가졌던 생각과 말의 결과물이라는 사실을 아는가. 내가 가진 좋은 습관 중에 '앵무새처럼 말하기'가 있다. 나는 지금껏 원하는 것이 생기면 앵무새처럼 그것을 입 밖으로 말하고 자주 반복한다. 어떤 이는 이상한 눈으로 쳐다보기도 했지만, 지금에 와서 생각해 보면 이런 습관 덕분에 나는 20대 때 꿈꿨던 목표들을 모두 이룰 수 있었던 것 같다.

'우물쭈물 하다가 내 이럴 줄 알았지.'

그 유명한 조지 버나드 쇼의 묘비명처럼 후회하지 않기 위해서는 늘 깨어 있고, 그것을 앵무새처럼 되뇌여야 한다.

간절히 원하면 반드시 이루어진다

요즘 사람들에게 자주 듣는 말이 있다.

"나이 마흔 넘어서 제가 무얼 할 수 있겠어요?"

내가 펄쩍 뛰며, 왜 지레 나이라는 테두리 안에 스스로를 가두는지 모르겠다고 항변을 해도 그들의 생각은 좀처럼 바뀌지 않는다. 다시 한번 강조하지만 절대 그렇지 않다. 절대 늦은 때라는 것은 없다. 단지 늦었다고 생각하는 내 자신이 있을 뿐이다.

바라는 것이 생겼다면 그것을 앵무새처럼 말해보라. 너무 유치하다고 생각되는가? 그럴지도 모르겠다. 하지만 소원도 없이 사는 인생이 더 부끄럽고 유치하다는 것이 내 생각이다.

말은 행동과 무의식을 지배한다. 그래서 내가 하는 말은 나도 모르게 의식 속에 잠재되었다가 언젠가 꼭 실현시키고 싶어하는 잠재기제가 된다. 그래서 입밖으로 내뱉는 말은 곧 행동으로 옮겨질 가능성이 높아진다.

입버릇처럼 "마흔이 되면 캠핑카를 빌려서 여행하고 싶다"고 말한 친구가 있다. 얼마 전 그녀는 남편과 일 년 여정으로 전국 여행을 시작했다. 기왕 큰 맘 먹고 시작한 여행이니 의미를 주기 위해서 남편은 전국의 맛집을 취재해 책도 내기로 했단다. 어떤가. 그녀의 앵무새가 소원을 들어준 것 같지 않은가?

나도 5년 전쯤 노트에 하나의 목표를 쓰고 매일 앵무새처럼 중

얼거린 적이 있다.

‘시민기자가 되어 내가 사는 분당지역을 취재할 것이다. 그래서 학창시절의 꿈 중 하나였던 기자가 될 것이다.’

사실 당시를 생각하면 정말 꿈도 꾸지 못할 계획이었다. 내 인생에서 가장 바쁜 시기라 눈을 떴다 감으면 한 달이 훌쩍 가곤 했으니까. 하지만 나는 주변 사람들을 만날 때마다 “기자가 될 테야”라는 말을 우스갯소리처럼 하고 다녔다. 그리고 드디어, 몇 달 전 시민기자가 되는 기회를 얻었다.

독자들 중에는 시민기자가 뭐 그리 대단하길래 호들갑이냐고 하겠지만 어릴 적 꿈이었던 기자를 이제라도 해볼 수 있다는 사실은 내겐 정말 대단한 경험이다.

루이스 캐럴의 소설 『이상한 나라의 앨리스』에 보면 다음과 같은 대목이 있다.

앨리스 : “어디로 가야 할지 알려 주세요.”

고양이 : “어디로 가고 싶은지가 중요하지.”

앨리스 : “어디든 상관없어요.”

고양이 : “그럼 어디로 갈지도 중요하지 않겠네.”

그렇다. 어디로 가고 싶은지 알지 못하면 남은 인생 역시 지금과 다를 바 없다. 원하는 것이 없다면 만들고, 만들었다면 당장 써 보고, 그리고 그 소원을 입으로 말하는 앵무새가 되어 보자. 어느 날 문득 그 앵무새가 소원을 물어다 줄지 누가 알겠는가.

누군가의 노랫말처럼 인생도 정말 "말하는 대로 이루어진다."

10

망설일 시간에
차라리 도전하라

사람들은 흔히 중년에 접어들면 올라갈 일보다는 내려갈 일이 많다고 생각한다. 도전보다는 안정이, 열정보다는 평범이, 꿈보다는 현실을 중시하는 때라고 여기는 것 같다. 그 말도 완전히 틀리지는 않지만 나는 마흔이야말로 인생에 대한 자신만의 확고한 철학이 생기고 더 깊어지는 나이라고 생각한다.

세상에는 중년의 나이에 자신의 분야에서 최고의 자리에 오른 사람들이 수없이 많다. 그리고 수년 동안 해온 일과 완전히 다른 새로운 일에 도전하는 사람들도 꽤 많다.

노동부 조사에 따르면 결정권을 가진 여성 리더들이 10년 전에 비해 15배나 증가했다고 한다. 치열한 경쟁 속에서 꾸준한 자기계발과 노력으로 성공한 여자들이 늘어나고 있다는 뜻이다. 특히 자신의 분야에서 성공한 여자들의 나이는 거의가 마흔 줄에 들어선 이들이다. 그러고 보면 40대라는 나이는 인생에서 매우 중요한 시기라는 생각이 든다.

어제보다 오늘이 더 나은 인생을 사는 사람들에게는 공통점이 있다. 해보지도 않고 포기하지 않는다는 것, 망설일 시간에 차라리 도전한다는 것이다. 그래서 나는 강력한 도전정신이야말로 40대를 통과하는 중년들이 가져야 할 가장 필수덕목이라고 생각한다.

실패해도 죽지는 않는다

쇼호스트 유난희. 그녀는 텔레비전만 켜면 쉽게 볼 수 있는 유명인사다. 지금은 교수이자 억대 연봉자로 자신의 분야에서 크게 성공했지만 그녀가 처음부터 쇼호스트 지망생이었던 것은 아니다. 아나운서 시험에 도전했다가 몇 차례나 떨어지고 난 뒤

꿈의 방향을 바꿔 쇼호스트라는 분야에 도전장을 내밀었다.

"만약 아나운서라는 꿈을 버리지 않고, 또 끊임없이 도전하지 않았다면 결코 지금의 제 모습은 없었을 것입니다. 끊임없는 도전정신이야말로 인생을 개척하는 원동력입니다."

윤영미 전 아나운서. 그녀는 20여 년간 SBS 간판 아나운서로 활약한 베테랑이다. 1985년 춘천MBC 공채로 방송계에 입문한 그녀는 1991년 SBS로 옮긴 뒤에도 특별한 도전을 계속했다. 그 결과 세계 최초 여성 야구 캐스터가 되었고, 40대에는 연예오락 프로그램을 맡아 성공적으로 이끌었다. 그렇게 회사의 간판 아나운서로 자리를 굳혔을 수도 있었던 그녀는 몇 해 전 과감하게 프리랜서를 선언하고 방송국을 떠났다. 갑작스런 프리랜서 선언을 두고 인사이동에 반발하는 것 아니냐는 시선도 있었지만 그녀는 인터뷰에서 이렇게 말했다.

"정년까지 8~9년 정도 회사에 더 머무를 수 있었습니다. 문제는 나이가 들수록 현장에서 멀어진다는 점이었습니다. 아나운서는 보통 40대가 넘으면 관리직으로 빠지니까요. 특히 여성은 더욱 심하죠. 물론 그 역시 가치 있는 일이지만 좀 더 활동적인 일을 하고 싶었습니다."

현장을 떠나기엔 하고 싶은 일이 너무 많았고, 관리직으로 빠져 일찌감치 퇴물취급을 받기보다는 더 많은 일을 해보고 싶었다는 그녀는 한 유명 홈쇼핑의 주방용품 MC로 낙점되었다. 전직 아나운서로서 갖고 있는 정확한 스피치 능력과 신뢰감을 주는 이미지, 그리고 여느 아나운서들에게는 없는 순발력을 갖춘 그녀는 대본이 없는 홈쇼핑 방송에 안성맞춤이었다. 20여 년간 야구 캐스터와 연예 프로그램 리포터를 하며 습득한 애드립 능력도 많은 도움이 되었을 것이다. 앞서 몇몇 프리랜서를 선언했던 아나운서들이 대부분 고전을 면치 못했던 것에 비하면 그녀의 성공은 독보적임에 틀림없다. 더군다나 그녀는 50대이지 않은가.

"50대에 프리랜서를 선언한 아나운서는 아마 제가 처음일 걸요? 차별화 전략인 셈입니다. 오히려 독보적이라고 볼 수 있죠. 요즘 프리랜서는 대부분 20~30대에요. 그나마도 뉴스 아나운서 이미지에 고착되어 있는 경우가 많죠. 하지만 저는 스포츠와 연예오락 등 여러 방면에서 활동했어요. 보통의 아나운서는 갖지 못한 아줌마, 주부 같은 친근한 인상도 있죠."

윤영미는 많은 직업 중에 하필 홈쇼핑을 선택한 이유에 대해서도 이렇게 말했다.

"홈쇼핑을 선택한 이유요? 고수익이잖아요. 하하하. 물론 그런 점도 있지만 무엇보다도 오랫동안 부침 없는 꾸준한 방송을 할 수 있다는 점이 매력이에요. 앞서 밝혔듯이 제가 가진 역량도 가장 잘 발휘될 수 있고요. 열정이 넘치는 방송을 하고 싶습니다……."

얼마나 솔직하고 당당한 중년의 모습인가. 그녀의 도전은 지금도 현재 진행형이다.

스팀 다리미로 유명한 한경희 대표. 그녀는 틈만 나면 "가슴이 뜨거워지는 진짜 인생을 찾아라"라고 말한다. 평범한 주부였던 그녀는 지금 150명 이상의 직원을 거느리고 상당한 매출을 올리는 중견 회사의 대표이다.

주부로 살던 어느 날 청소를 하다 너무 짜증이 났다는 그녀는 '스팀이 나오는 대걸레가 있다면 얼마나 좋을까' 하는 생각을 했다. 그때 그녀 나이 서른여섯. 그녀는 이 아이디어를 사업 아이템으로 삼아 전혀 다른 도전을 시작했다. 모르는 분야였기에 두려움도 컸겠지만 결국 그녀의 도전 정신은 한 여자의 인생을 송두리째 바꿔 놓았다.

하고 싶은 일이 있다면 망설이지 말고 무조건 시도해봐야 한다. 실패하면 어떤가? 실패해도 죽지는 않는다. 그리고 설령 실패한다고 해도 그 경험 속에서 진주 같은 교훈을 얻어낸다면 도전하지 않은 것보다야 훨씬 낫다. 그 경험으로 다시 도전하면 실패할 확률은 그만큼 줄어든다. 그런 작은 경험들이 모이고 쌓여 성공의 발판이 되는 것이다. 그런 의미에서 보면 도전을 멈추는 순간이 인생에서 중요한 기회를 놓치는 순간이 아닐까 생각한다.

시작하기에 늦은 나이란 없다

올해 53세가 된 K는 서울시 여성·복지담당 공무원으로 일하는 여성이다. 그녀의 직책인 제1정책보좌관은 지방임명직 여성 공무원으로선 유일한 1급 공무원이다. 그녀는 지난해까지 여성부 남녀차별개선국장으로 일하던 국가공무원에서 요즘 지방 공무원으로 신분을 바꿔 새롭게 도전하고 있다. 최근에 만난 한 자리에서 그녀가 했던 말은 무척 의미심장하다.

"돌아보면 가장 일을 많이 한 때가 40대였던 것 같아요. 남편과 다 자란 아이들이 지지해주고, 오히려 일에만 전념하도록 체력과 건강을 유지하라고 하니까요.”

지금은 평균 수명 100세를 바라보는 시대이다. 그러니 인생의 절반도 살지 않은 마흔에 뭘 시작하기에 늦었다고 생각하는 것 자체가 어불성설이다. 시대가 우리의 도전 가능한 나이도 빠르게 바꿔 놓고 있다.

멋진 인생 2막을 살고 싶다면 지금 내게 무엇이 가장 필요한지 열심히 고민해야 한다. 하루 이틀이 아니라 몇 개월이 걸리더라도 그 답을 찾아내야 한다. 거기다가 도전할 수 있는 열정과 용기까지 갖췄다면 당신의 인생 후반전의 승부는 이미 끝났다고 봐도 좋을 것이다.

‘일단 도전하라. 시작하기에 늦은 나이란 없다.’

11

나만을 위한 식탁을 차려라

왕이 정원을 산책하던 중 이상한 광경을 목격했다. 한창 아름다움을 자랑해야 할 꽃과 나무는 온 데 간 데 없이 사라지고 온통 잡초만이 정원을 뒤덮고 있었기 때문이다.

왕은 신하들에게 당장 그 이유를 알아올 것을 명했다. 알고 보니 소나무 주변에 심어 놓은 작은 나무들은 소나무의 강인한 생명력을 부러워하다가 시름시름 말라 죽어 버렸고, 소나무는 소나무대로 포도나무처럼 탐스런 열매를 맺지 못하는 자신의 처지를 마냥 한탄만 하다가 스스로 시들고 말았던 것이다. 한편, 포도나무는 화사한 꽃을 자랑하는 복숭아나무가 부러운 나머지 자신이 서서히 메말라 죽어가고 있다는 사실조차 알지 못했다.

이렇듯 정원의 꽃과 나무들은 오로지 다른 식물이 가진 장점만을 질투하다가 자신의 푸르름과 아름다움을 자랑해야 할 시기에 말라죽고 만 것이다. 그러나 신기하게도 세상에서 가장 초라해 보이는 잡초만은 죽지 않고 왕성하게 자라고 있었다.

왕은 그 이유를 궁금히 여겼다. 대답은 의외로 간단했다.

"잡초는 자신이 잡초라는 사실을 너무나 잘 알고 있습니다. 그러니 새삼 소나무를 부러워할 것도 없고 꽃이 되지 못해 안달복달할 이유도 없지요. 저는 그저 저대로 살아가면 되는 걸요."

나는 이 이야기를 듣고 무릎을 쳤다. 단순한 이야기 같지만 인생의 중요한 통찰을 담고 있기 때문이다.

나와 남을 비교하지 않는 것, 자신만의 아름다움과 철학으로 무장한다는 것 자체는 무엇과도 비교할 수 없는 소중한 무기며 철학이다. 특히 남의 남편과 내 남편, 옆집 아이와 내 아이를 비교하며 하루에도 수십 번 감정의 줄타기를 하는 여자들에게 이 덕목은 매우 중요하다. 그들을 서로 비교하는 것도 나쁘지만, 그들을 통해 자신까지 비교하게 되어 마음의 열등감을 키우고 상대적 만족감을 취하기 때문이다.

이기적인 아내가 더 아름답다

요즘 만나는 많은 사람들에게 이 이야기 속에 등장하는 잡초처럼 자신을 위해 살라고 조언한다.

"애들과 남편은 어쩌고 저만 생각해요?"

매번 돌아오는 답변은 거의 비슷하지만 내 대답은 늘 한결같다. 인생 후반전만큼은 이기적으로 살아야 한다는 것이다.

이기적인 여자는 절대 자신을 통째로 버린 채 가족에게 헌신하거나 다른 사람과 나를 비교하면서 자존감을 떨어뜨리는 어리석은 짓을 하지 않는다.

인생 전반전은 나를 위해 살지 않아도 위로가 되는 것들이 도처에 널려 있다. 수많은 시행착오도 경험으로 쌓일 수 있었다. 하지만 후반전은 완전히 다르다. 나를 위해 살지 않는 순간 허무함이 무섭게 덮쳐온다. 이 허무함은 곧 우울증을 동반하고 인생 전체를 잘못 산 것 같다는 회의감에 시달리게 된다.

그래서 나를 비롯하여 중년이라는 타이틀을 단 여성일수록 누구나 이기적으로 생각하고 행동하는 연습이 필요하다. 연습 없이는 쉽게 이기적이 되지 않는 게 엄마이고 아내이다. 오랜 세월 동안 내가 아닌 가족을 위한 삶을 살아왔기 때문이다.

남편과 아이를 위한 식탁이 아니라 온전히 자신만을 위한 밥상을 차리고, 그들의 계절옷이 아니라 나를 돋보여줄 옷을 고르고, 가족을 위한 적금이 아니라 나만을 위한 돈을 마련하고, 남편의 서재가 아니라 나를 위한 공간을 마련해야 한다.

무엇을 하든 상관없다. 그것이 자신을 기쁘게 만들고 행복하게 만들면 그걸로 족하다. 무엇보다 그동안 시달렸던 마음을 보살피고 더 황폐화되는 것을 막을 수 있는 거라면, 무엇이 되든 나는 당신을 응원할 것이다.

폭풍우가 몰아치던 망망대해에서 칠흑 같은 어두움을 몰아내고 등대의 불빛을 찾아낼 수 있는 지혜들이 생겨날 수 있도록 당신 스스로를 응원해줘야 한다.

가족 때문에, 이웃들 때문에 상처를 받아 아파하고 고달픔을 느끼고 있다면 더 많이 응원해 주어야 할 것이다.

우리는 가끔 나보다 더 많이 힘들어 하고, 정신적 고통과 상처 속에서도 꿋꿋하게 살아가며, 어려운 생활 속에서도 남을 도와가는, 삶의 의미를 찾는 이들이 우리 주변에 많이 있다는 것을 발견

하곤 한다. 하지만 더 중요한 것은 그들에게 박수를 보내는 것이
아니라 내가 그런 박수를 받는 당당한 사람이 되어야 한다는 점
이다.

그 시작은 스스로가 자신을 아끼고 사랑하는 것에서부터 시
작된다. 평소 김치 몇 쪼가리와 국그릇 하나 달랑 놓고 밥을 먹
었다면 지금 당장 나만을 위한 진수성찬을 준비해 보라. 그러면
자신이 그동안 얼마나 스스로를 하찮게 대해왔는지 깨닫게 될
것이다.

자신이 얼마나 소중한 존재인지 깨달은 사람만이 아름다운
사람들과의 동행 속에서 더 밝은 미래를 찾아 나설 수 있다.

나를 위해 사는 인생이다.

나에게 봄을 선물하자.

오늘은 내가 가장 아름다운 날, 내 생애 최고의 봄날이다.

내 인생의 버팀목이 되어준
두 아들들에게

어느 부모나 자식을 잘 키우고 싶을 것이다. 못난 부모건 잘난 부모건 자식 잘되길 바라는 마음에는 차이가 없다는 것을 자식 낳아 기르면서 뼈저리게 느낀다. 나도 어느 부모보다 내 아이들만큼은 잘 먹이고, 잘 가르치고, 잘 놀아주고 싶었다.

하지만 늘 현실은 이상과 다르다.

나는 지금까지 두 아들에게 미안한 마음이 많다. 한창 엄마의 관심이 필요할 나이에 새벽부터 밤늦게까지 일하느라 아이들에게 책 한 권 읽어주며 잠을 같이 자보지 못했다. 일하고, 공부하고, 청소하고, 해도해도 끝이 없는 일들을 마무리하느라 밤이면 파김치가 되어 쓰러지기 바빴으니까.

한번은 큰 아이가 유치원에 다닐 때 여름캠프를 간 적이 있다. 전날도 무척 피곤했던 터라 제대로 준비를 하지 못한 채 아침에 집을 나서려는 찰나, 뒤를 돌아보니 아들 녀석이 한겨울에 신는 노란 털장화에 우산을 들고 따라나오는 게 아닌가. 엄마가 얼마나 무심했으면 아이가 이 지경인가 싶어 가슴이 아프면서도 도무지 밀려오는 일더미 속에서 헤어나기 힘든 시절이었다.

그 아이가 벌써 스물세 살이라는 건장한 청년으로 자랐으니 세월은 얼마나 무심하고 빠른가.

유치원과 연구소에서 일을 하다 보니 부모들과 자주 상담을 한다. 그럴 때마다 아이들 교육을 어떻게 해야 하는지 물어보는 부모들이 많다. 자녀들 교육에 정답이 있을 리 없지만 내 경험만큼은 솔직하게 들려줄 수 있다.

큰아이는 어려서부터 자기가 갖고 싶은 것은 무조건 가져야 직성이 풀리는 아이였다. 욕심도 많고 고집도 센 아이인지라 초등학교 때는 제법 반장도 하고, 그런대로 공부도 잘하는 아이였는데 엄마의 부재 탓인지 커가면서 점점 공부와 거리가 멀어졌다.

그러던 어느 날 중학교에 들어가자, 학원의 힘이라도 빌려볼까 싶어 나는 얼른 학원에 등록을 시켰다. 남들 다 다니는 학원이니 당연히 필요하다는 생각에서였다.

그런 어느 날 학원장에게 전화가 왔다.

"요즘 아이들은요. 중학교 때부터 이렇게 공부를 안 시키면 고등학교도 갈 수 없어요."

순간 정신이 번쩍 들었다. 사춘기에 접어든 큰아이는 어느새 공부에서 멀어져 방황을 하고 있었다. 마음이 너무 아팠다. 그리고 아이들이 한창 공부하고 방황할 때 곁에서 마음을 살피지 못했다는 자책감이 심하게 들었다. 그러면서도 내심 잘 견뎌주겠거니 하는 막연한 믿음도 있었다.

하지만 큰아이는 성적 위주의 교육에 쉽게 적응하지 못했다. 어느 날 친구집에 놀러갔던 아이가 충격을 받고 돌아와 이렇게 말했다.

"친구가 그러던데, 걔네 엄마가 10등 이하하고는 놀지 말랬대요. 이젠 나랑 등수가 비슷한 애들끼리만 놀아야 하나 봐요."

그말을 듣고 나도 충격은 좀 받았지만 별의별 엄마가 다 있겠거니, 성장하는 과정에서 생기는 일이겠거니, 별 대수롭지 않게 받아들였다. 하지만 하루가 멀다하고 비슷한 일들이 생기자 나는 심각한 고민에 빠지지 않을 수 없었다.

그리고 그해 5월, 아이들을 데리고 무조건 뉴질랜드로 떠났다. 아무것도 알아보지 않고 떠나올 만큼 위기의식이 커졌기 때문이다.

"일단 가자. 뉴질랜드에 가서 학교도 알아보고 집도 알아보자. 너희들이 원하면 너희는 그곳에 남아 공부를 하고, 엄마는 한국으로 돌아오려고 한다."

겨우 아홉 살, 열세 살의 두 아이들을 데리고 뉴질랜드에 도착해 보니 모든 것이 암담했다. 어떻게 학교를 알아보고 입학을 할지도 몰랐다. 약 3주 동안 그곳에 함께 머물며 학교를 알아보고 아이들이 안전하게 머물 홈스테이를 찾기 위해 가가호호 전단지를 붙이기도 했다.

겨우 학교를 정하고 결단을 해야 할 순간, 나는 아이들을 불러 조용히 물었다.

"이제 너희들의 선택만 남았어. 한국으로 돌아갈 것인지, 이곳에서 씩씩하게 공부할 것인지."

그날은 지금도 잊을 수가 없다. 새벽 5시. 검정색 여행가방 하나를 달랑 들고 아이들이 묵을 집을 나섰다. 공항까지 가는 택시 안에서 우리 셋은 서로 얼굴을 돌리고 창밖만 바라보고 있었다. 정말 아무 말도 할 수가 없었다.

공항에 도착해 나는 일부러 담담하게 인사를 했다.

"잘 해낼 수 있을 거야. 너희들은 엄마의 대단한 아들들이니까."

나는 공항 게이트에서 금방이라도 울 듯한 얼굴로 서 있는 아이들을 외면했다. 혹여나 뒤돌아보면, 짐이고 뭐고 내동댕이치고 아이들의 손을 끌고 한국으로 돌아가자고 할 것만 같았기 때문이다.

그렇게 미친듯이 게이트를 빠져나와 비행기 좌석에 자리를 잡고 앉으니, 그동안 참고 참았던 눈물이 주체할 수 없이 흘렀다. 비행기가 한국에 도착할 때까지 나는 숨죽여 내내 울었다.

아이들은 타국의 환경에 적응하랴, 언어를 익히랴 고생을 제법 했다. 무엇보다 어린 나이에 부모와 떨어져 산다는 것이 가장 힘들었을 것이다. 2년 후 둘째는 한국에 돌아왔고, 큰 아들은 공부를 더 하고 싶다면서 미국으로 떠났다.

한국과 달리 미국의 고등학교는 4년제였다. 두 군데서 입학

허가를 해줬는데 한 곳은 교복을 입고 수업 강도도 높은, 이른바 규율이 매우 엄격한 학교였다. 또 다른 한 곳은 작은 시골마을에 자리하고 있어 자연 속에서 다양한 체험을 할 수 있는 곳이었다. 나는 두말할 필요도 없이 두 번째 학교를 선택했다. 소를 키우며 소똥도 치우고, 학교 식당일도 직접 해보는 등 다양한 체험활동이 큰아이에게 도움이 되리라는 확신이 들었기 때문이다. 다행히 아이도 좋아했다.

요즘 부모들은 아이들의 청소년기에 평생 할 공부를 다 시키는 것 같다. 대학교에서 강의를 하다 보면 대부분의 학생들이 마치 지금 써야 할 기를 미리 다 소진한 것처럼 힘들어하는 모습을 자주 보게 된다. 하고 싶은 과목을 공부하고, 하고 싶은 일들을 체험하면서, 자연스럽게 인생을 어떻게 살아야 하는지 고민해야 할 시간에 이미 지쳐 버린 아이들을 보면 안쓰러우면서도 걱정이 앞선다.

큰아들은 다행히 고등학교를 잘 마치고, 펜실베이니아 주립대학 공과대학에 입학했다. 어려서부터 퍼즐을 좋아하고 고장 난 라디오나 텔레비전을 열어보기 좋아하더니, 어쩌면 제 길을 잘

찾았다는 생각이 든다. 처음에는 졸업을 제대로 할 수 있을까 속으로 걱정도 많이 했다. 그러나 막상 졸업식에 가보니 나보다 더 강한 아들을 발견할 수 있었다. 그 많은 졸업생 중에서 전자공학과 졸업생 중에 한국인으로는 내 아들 혼자였던 것이다. 졸업하는 아들의 늠름한 모습을 보며, 나는 또 혼자서 참 많이 울었다. 다른 한국인 친구도 없이, 가족도 없이 얼마나 외로웠을까, 얼마나 힘들었을까, 다른 엄마들처럼 잘 돌봐주지 못한 미안한 마음이 한꺼번에 터져 나왔다.

그렇게 대학을 졸업한 아들녀석은 아이비리그인 펜실베이니아 대학 공과대학원에서 석사과정에 있다. 최근 녀석의 말이 가관이다.

"엄마, 이제야 공부가 재미있어졌어요."

매일 3~4시간밖에 잠을 못잘 정도로 해야 할 프로젝트도 많고, 에세이와 시험도 많지만 아들은 사소한 것들에 감사할 줄 아는 청년으로 자라고 있다. 어제는 "엄마, 이번 에세이 점수는 10점 만점에 8점이 나와서 기분이 완전 다운이에요. 이런 기분일 때는 어떻게 하면 해소가 될까요?"라는 카톡문자가 왔다.

아들과 나는 사소한 것들도 이야기를 나누고 조언을 주고받는다. 이 또한 얼마나 감사한 일인지 모른다.

그리고 둘째아들은 한국에서 중학교를 다니다 2학년이 되던 해에 형이 다니던 학교에 입학하여 현재 11학년에 다니고 있다. 둘째아들 역시 요즘 뒤늦게 공부에 몰입하여 그동안 못다한 공부를 하느라 여념이 없다.

스스로 커준 아이들. 나는 내 두 아들을 생각할 때마다 기특하고 대견하다.

누구에게나 자신의 아이들은 꿈과 희망이다. 나는 일하는 엄마로 살면서 아이들과 많은 시간을 함께 하지는 못했다. 하지만 두 아이들을 믿지 못하거나 다른 아이들과 비교해 본 적은 결단코 없다. 안내자로서 지켜보면서 그들이 뭔가를 물어올 때마다 의논해 주었던 것이 전부였다. 이제와 생각해 보니 그 마음이 두 아이들을 바르게 자라도록 이끈 힘이 아니었을까 생각한다.

아들들아, 엄마는 언제 어디서든 든든한 버팀목이 되어 너희를 지켜봐주고 싶다. 하지만 아들들아, 그거 아니? 내가 너희들의 버팀목이었던 게 아니라 사실은 너희들이 나의 가장 큰 버팀목이었다는 것을.

우리 열심히 살아서 남들에게 꼭 필요한 사람, 남을 도와줄 수 있는 사람이 되자. 나는 무엇보다 너희들이 정말 하고 싶은 일을 하면서 즐기는 인생을 살길 바란다. 그리고 이 말만은 꼭 해주고 싶다.

"사랑하는 아들, 고맙고 미안하고 사랑한다. 더 멋진 엄마가 되도록 노력할게."

이 시대 아내들에게 던지는 홍미경 원장의 유쾌한 돌직구

아내가 딴짓하는 데는 이유가 있다

초판 1쇄 발행 2013년 3월 20일
초판 3쇄 발행 2013년 5월 6일

지은이 홍미경
펴낸이 김선식

1st Creative Story Dept. 황정민, 한보라, 박지아, 변민아
Design Creator 손은숙
Creative Marketing Dept. 이주화, 이상혁, 백미숙
          Public Relation Team 서선행, 전아름
          Contents Rights Team 김미영
Creative Design Dept. 박효영, 조혜상, 손은숙, 이나정
Creative Management Dept. 김성자, 송현주, 권송이, 윤이경, 김민아, 한선미

펴낸곳 다산북스
주소 경기도 파주시 문발동 파주출판도시 529-2 3층
전화 02-702-1724(기획편집) 02-6217-1726(마케팅) 02-704-1724(경영지원)
팩스 02-703-2219
이메일 dasanbooks@hanmail.net
홈페이지 www.dasanbooks.com
출판등록 2005년 12월 23일 제313-2005-00277호

종이 한솔피엔에스
인쇄 · 제본 스크린그래픽 센터

ISBN 978-89-6370-948-2 (03320)

다산북스(DASANBOOKS)는 독자 여러분의 책에 관한 아이디어와 원고 투고를 기쁜 마음으로 기다리고 있습니다. 책 출간을 원하는 아이디어가 있으신 분은 이메일 dasanbooks@hanmail.net 또는 다산북스 홈페이지 '투고원고'란으로 간단한 개요와 취지, 연락처 등을 보내주세요. 머뭇거리지 말고 문을 두드리세요.